王卫
顺丰掌门人的创业与管理哲学

张丽俐 ◎ 著

时事出版社

前言

自古以来，商界犹如江湖，各方豪杰带着不一样的情怀和使命，凭各自的优势打拼下一方天地，成为某个领域的代表人物。

这些人性格迥异。有人桀骜不驯，在媒体上保持真性情；有人开始以导师自居，对年轻创业者传道授业解惑；有人礼貌周到，对待公众永远维持嘴角的弧度；也有人绯闻与花边齐飞，开始成为镁光灯追逐的焦点。

江湖里，拥有盛名的，不一定是最顶级的高手。商界亦然。

有这样一位孤独客，低调至极，不仅愿意接受自己榜上无名，甚至在自己企业的内刊中都不太爱现身。他的企业也同他的人一样，不喜广告，从不进行铺天盖地的媒体宣传。

他是顺丰速运的创始人王卫，是一位成功的企业家，也是一位虔诚的佛法徒，他从不认为金钱可以主宰什么，也不认为成功值得沾沾自喜。

1993年，23岁的王卫创立顺丰速运，3年时间便基本垄断了华南市场。2003年，顺丰速运已经全面占领市场，成为国内首家用飞机运送快递的公司。而直到2010年之前，这位年轻的"武林高手"都没有在媒体上露过面。

2010年，有敬业的"狗仔"成功混入顺丰香港网点做起了快递员，一天派发300个包裹，最终见到了王卫，拍到了他的一张正面照。这是创业18年来王卫首次曝光。

高手之间，王卫的名气早就广为人知，很多商界大佬都对他交口称赞。21万低学历的一线快递员，是公认最难管理的团队，但是王卫却对这些人做到了最好的人心凝聚。

他将砸广告的钱省下来，为员工发福利，让每一个为他工作的人有体面的工资，因此他们会更好地做事。品牌的影响力本就不是广告堆砌出来的，而是服务打造出来的。

商界江湖风向不定，河东河西变化无穷。这位低调的企业家依旧在以最踏实的步伐向前行进。希望如此稳如磐石的人，可以处变不惊，以不变的韧性，在风云激荡中坚守自己的版图。

目录 Contents

| 第一章 |

猎豹悄无声息

1. 从背包开始 // 003
2. 被歧视的"老鼠会" // 009
3. 于悄然间占领市场 // 018

| 第二章 |

神秘人的神秘世界

1. 第一把交椅有多远 // 029
2. 50万元的饭局 // 038
3. 硬得有点不合群 // 048

| 第三章 |

企业家的艺术气质

1. "粽子模式" // 059
2. 最有钱的工作狂 // 067
3. 一腔热血 // 076

| 第四章 |

世界上的能量是一个平衡系统

1. 拒绝并购 // 089

2. 在适当的时候慢下来 // 095

3. 融资并非为了上市 // 101

| 第五章 |

清醒与自制

1. 坚持原有市场定位 // 111

2. 为意外买单 // 119

3. 全面直营 // 125

4. 收放自如，只为更好地服务客户 // 133

| 第六章 |

那些正确与错误的决定

1. 天生的"经济动物" // 143

2. 与"7-11"结盟 // 149

3. 服务是最好的广告 // 158

4. 好口碑是如何经营出来的 // 164

| 第七章 |

公司价值观的缩影

1. 利益共同体 // 177

2. 如何对待"最可爱的人" // 185

3. 特殊的"实习人员" // 190

4. 全生命周期管理系统 // 195

5. 信息化建设 // 201

| 第八章 |

每一分钱花在哪里

1. 为什么要有自己的飞机 // 209

2. 国际版图 // 220

3. 云淡，风轻 // 229

4. 电商教父与快递大佬的"爱恨情仇" // 236

后记 // 243

第一章
猎豹悄无声息

1.从背包开始

人生，是一场变幻莫测的旅途。明智的人，总是选择在适当的时候隐忍，就像猎豹伏击猎物一样，悄无声息地慢慢靠近，长时间地躲在草丛里，只为了全力出击的那一个瞬间。

电子商务行业的发展带动了快递行业的发展。有人说，是马云开创了一个全新的电子商务时代，那么在快递行业，也有一个令马云最佩服的人。他就是王卫，顺丰速运的创始人。王卫曾经说过一句话："顺丰的一线收派员才是最可爱的人。"之所以能够说出这句话，是因为王卫自己也是从收派员开始做起的。当时，人们还将这样的人称做"背包客"。

王卫是个"七零后"，出生于1971年。他的家乡是上海，王卫就在这座上个世纪二三十年代的时尚之都，如今的国际化大都市里出生。不过，在王卫出生的那个年代，国家还没有实行改革开放。那时的上海，还不像如今这样繁华璀璨。

王卫的父母都是典型的知识分子。他的父亲是一名俄语翻译，母亲则在江西的一所大学里担任老师。王卫的人生就是在书香中渲染的。

父母的斯文与儒雅，给了他宠辱不惊的淡定气质，他也从父母的身上遗传了聪慧的基因。

7岁是王卫人生中的第一个转折点。那一年，父母带着他离开生活了7年的故乡，来到了香港定居。那时的香港，早已经是一个繁华世界。还是一个孩子的王卫，浸染在这样的环境中，潜意识里已经有了追求更好生活的念头。

他在香港的学校里一直读完高中，之后没有选择继续深造。创业的念头已经在王卫心中扎根了很久，终于到了长大成人的这一天，他像一只刚刚羽翼丰满的小鸟一样，迫不及待地想要展翅翱翔。

第一次踏入社会的王卫，来到了广东省南部的顺德。这里是佛山市的5个行政辖区之一，是一处由江河冲击而成的河口三角洲平原，也是佛山市与广州市联系的重要核心区域之一。

踏入社会，距离创业还有着一段不小的距离。在顺德，王卫来到叔叔的印染厂，在叔叔手下做了一名小工。不过，创业的火苗，始终燃烧在他的心里。做小工期间，他也多次尝试过创业，不过都属于小打小闹，没有搞出什么名堂。

香港是巨大的商业圈，生活在那里的每一个人，都浸染在浓厚的商业氛围里。在香港生活多年，王卫已经具备了一名商人的基本眼光。他所缺少的，只是一个机遇而已。

20世纪90年代初期，王卫的机遇终于到来了。邓小平同志南巡之后，发表了一篇重要讲话。他说："要抓紧有利时机，加快改革开放步伐，力争国民经济更好地上一个新台阶……"

这番话为中国走上有中国特色社会主义市场经济发展道路奠定了市场基础。很快，改革开放的春风席卷了整个中国，一轮改革开放热潮轰轰烈烈地揭开了帷幕。

受邓小平南巡的影响，香港有8万多家制造工厂向北迁移，来到大陆扎根。其中，有5万多家工厂将厂址选定在广东的珠三角地区。一时间，如雨后春笋般大量涌出的工厂，几乎在同一时间开业。用当时顺德县委书记欧广源的话说："几乎每天都有企业开张，天天都是鞭炮不断。"

许多来到广州定居的工厂，为了方便生产和经营，大多选择了"前店后厂"模式。也就是说，前面是用于经营的店铺，而店铺后面就是用来生产的工厂。与此同时，香港与珠三角地区的信件往来也开始变得频繁。

不过，在广州的贸易迅速崛起的同时，也出现了一些信件或是物品传递上的难题。因为香港与广州分别属于不同的关税区，信件和物品的邮寄最快也需要两三天的时间。如果在广东的工厂急需某个急件，也必须经历漫长的报关过程，这个过程最少需要一个星期。如果需要一些第二天就使用的东西，也只能无奈地等待。

于是，有些人干起了专攻保税物流的业务，然而依然没有办法将等待的时间缩短。

与传统的从事物流行业的人相比，王卫的眼光开阔了许多。当意识到香港与广州之间邮件传递慢的现实之后，他开始寻找一条与众不同的出路，这便成为王卫创业之路的开始。

起初，他的生意规模并不大，只是受委托人的托付，在广东和香港之间带一些货。这大大缩短了物品和信件传递的时间。许多人发现了这样做的便利，于是开始有越来越多的人委托王卫替自己传递邮件。

王卫开始了频繁往来于香港与广东之间的生活。由于找他的人越来越多，他每次往返香港与广东时需要带的东西也越来越多。一开始，他只需要一个背包就能装下全部的物品，后来不得不扩大成拉杆箱。很快，每次需要王卫传递的物品，就连拉杆箱也装不下了。直到这一刻，他意识到，自己所从事的这项业务也许会成为一个巨大的商机。

在下决心创业之前，王卫对于自己所拥有的资源做了一番冷静的分析。他的父辈没有过经商的经历，不能给予他任何经商方面的经验。在叔叔那里，学到的大多是印染方面的知识，不过至少也耳濡目染了一些经商的技巧。

因此，他想要创业，不能选择那些资本投入巨大的行业。而且，因为没有销量很好的货源，他也不能选择贸易型行业。至于生产型行业，更是他无法触碰的。这一行业不仅需要建设工厂，还要引进大量的设备，这实在不是一笔小数目。

其实，对于创业资本并不丰富的人来说，最简单的贩卖业，也是一种很好的选择。例如从小本经营开始，在批发市场采购一些物品，再拿去零售，赚取中间的差价，如果经营得当，也能获得可观的利润。但王卫没有选择贩卖业。

为广东和香港之间的商人做"挟带"生意，是个投入很小，可操作性又非常大的生意。往返香港和广东几次之后，王卫很快就从中摸出了门道，这才有了顺丰速运。

1993年，22岁的王卫正式结束了打工仔的生活。他向父亲借了10万元钱，在顺德注册了顺丰速运公司。

10万元对于当时的家庭来说绝对不是一个小数目。可父亲相信自己儿子的能力和商业眼光，也愿意给他一次尝试的机会。在父亲的支持下，王卫如同开始追捕猎物的猎豹，在事业的道路上飞奔起来。

顺丰速运创立之初，加上王卫总共才6个人。王卫自己也是快递员的一分子，他们一共开辟了三条重要的快递路线，分别是顺德到香港的陆路口岸、番禺到香港的快船以及番禺到澳门的快船。

顺丰速运最初的办公地点位于香港太子的钵兰街，总共只有几十平米大小的店面，主要用来接货和派货。

工作起来的王卫，简直可以用疯狂来形容。每天，他至少要工作15个小时，并且一直将这个习惯保留了下来。和所有快递员一样，他也是背着背包，拖着拉杆箱奔波于香港、澳门与广东之间运货。

很快，顺丰速运的规模就进行了扩大。公司人员也从最初的6个人增长到十几个人。王卫把这些人都当做自己的"战友"，每天，他们吃在一起、住在一起。除了接货与送货之外，王卫每天考虑得最多的事情就是怎样扩大顺丰的业务量。

每天，顺丰速运的所有快递员都有一个相同的任务，那就是跑市场。在王卫的带动下，每个快递员都卯足了劲儿去拼，早出晚归，骑着摩托车穿梭在大街小巷。

王卫的勤奋，也给当时在钵兰街的邻居们留下了深刻的印象。他们都记得，每天清晨，王卫的身影就会出现在自己顺丰速运的店铺里，一直到深夜才会离开。

在王卫创业的时候，钵兰街上几乎还没有什么人。因为他的主要业务是收发货物，因此这条街开始出现越来越多的大货车。当看到王卫的生意有起色之后，别的物流公司也陆续将店面设在了这里。钵兰街上的物流公司越来越多之后，其他的生意也陆陆续续地进来，出现了从事各行各业的店铺。因此邻居们都觉得，是王卫带旺了整条钵兰街。

就这样，王卫在工作之余的思索中发现了商机，开启了自己的创业路。没有任何的技巧，他们日复一日地在市场一线重复着、奔忙着，小小的背包和拉杆箱里，承载着王卫和伙伴们最初的梦想。量变的累积中渐渐发生了质变，他们在这样辛劳而枯燥的重复中夯实了市场基础，顺丰的生意有了起色。与此同时，王卫的人生也渐渐偏离了曾经的轨迹，有了崭新的方向和更宽广的未来。

2.被歧视的"老鼠会"

可以说，顺丰速运赶上了一个快递行业市场需求旺盛的年代。很快，广东各地都出现了顺丰速运的身影。在公司的扩张方面，王卫采取的是这样的策略，就是顺风速运每建立一个点，就注册一个新公司，分公司归当地加盟商所有。

这一策略让顺丰速运在短短几年的时间就将珠三角一带的快递市场牢牢地抓在自己的手中。

"野蛮生长"是对当时的顺丰速运的扩张速度最贴切的形容。因为王卫的细心呵护，顺丰速运已经具备了顽强的生命力，只要是有阳光和雨露的地方，就能毫无顾忌地茁壮成长。

因为顺丰速运取得了巨大成功，越来越多的人将关注的目光投向了这家刚刚成立不久的企业。一些同行也感受到顺丰速运带来的巨大威胁，却也只能眼睁睁地看着它一步步壮大起来。

于是，一些议论声聚焦到顺丰速运的头上。因为嫉妒，一些同行将顺丰速运称做"老鼠会"，这显然是一个带有贬义色彩的形容词。

众人皆知，老鼠的繁衍速度堪称惊人，不过，老鼠作为四害之一，也是人人讨厌的一种动物。用"老鼠"来形容顺丰速运，足以见得它的成功已经引起了同行们的不满。

不过王卫却不在乎，顺丰速运也的确以"老鼠繁衍"的速度在迅速扩张着。每天工作到深夜，已经成为王卫的工作常态，因为他必须要为第二天一清早就开始的工作做好充足的准备。顺丰速运那间位于钵兰街的小小店面，总是会有一盏昏黄的灯光一直亮到深夜。有时候是王卫一个人在里面忙碌着，有时候是他带着几个人在屋子里默默地整理快递，直到将所有快递全部处理好。

当时，与一些稍显正规的物流公司相比，顺丰速运还显得不那么正式。许多同行都觉得，顺丰速运是一个杂乱无章的公司，没有丝毫的秩序可言。这的确是顺丰速运早期的真实状况，毕竟王卫也是物流行业的一名新人，对许多事情都要摸索着。

最初的顺丰速运，并没有统一的快递标志，甚至快递员也没有统一的服装。每天，他们就穿着各式各样的便装，使用千奇百怪的交通工具穿梭在大街小巷。有的人开着货车，有的人骑着摩托车，有些地方车开不进去，快递员还不得不下车步行一段时间，才能将快递送到顾客手中。

就这样，即使没有统一的标识，顾客们还是记住了这些人就是顺丰速运的快递员，因为很少有哪家快递公司的工作人员能像这些人一样敬业。

与顾客的认可态度截然相反的，是同行竞争对手的不屑和鄙夷。

他们觉得顺丰速运完全不像一个有严格规章制度的企业，把他们看成一窝无组织、无纪律的"老鼠"。也许只有这样悄悄地轻视着顺丰速运，他们心中才能获得些许安慰。

而不管外界有着怎样的声音，顺丰速运仍然在不断扩张。除了建立在广东顺德的网点之外，顺丰速运新建的快递网点大多采取合作或者代理的方式开展业务。这种开店形式与如今的加盟有些相似，新建立起来的分公司全部归当地加盟商所有。就这样，一家家店面连接起来，就形成了一个庞大的快递运输网络。

每一个顺丰速运的网点，都会有一个专门的负责人。他们会从自己的利润中上缴给王卫一定比例的数额，剩下的钱就是他们自己的净利润。这种形式一直被顺丰速运保持到2002年，在此之前，顺丰速运一直都没有设立过总部，只有数不胜数的、分布在各个地区的顺丰速运分公司。

人们将顺丰速运的这种扩张方式称为"自然延伸"式的扩张，每一家加盟顺丰速运的公司都是采取自发的形式。因此，早期顺丰速运的扩张并没有所谓的规划，一切都是顺应市场而形成的。市场在哪里，顺丰速运的网点就在哪里。

广东省自然是顺丰速运最先发展的地方，广东大部分县城里都有顺丰速运的站点。一些经济发展方便程度相对较弱的省份，在其省会城市里也会有顺丰速运的站点。

与如今某些企业的加盟方式相比，顺丰速运的加盟方式在当时相对松散一些。虽然与如今的加盟方式不同，但顺丰速运当时的加盟也是一种公司之间的商业行为，同样需要办理工商手续。加盟商们也必须使用顺丰公司统一的标识，才可以对外去承揽生意。

分公司网点的老板们将收上来的货物送到公司的集散中心来走货，只不过，他们要自负盈亏。

当时的快递市场的确好做，王卫将全部的精力都放在市场拓展上面。为了获得更好的效果，他甚至一度采取了"人海战术"，希望能够将顺丰速运的种子播撒到四面八方，达到"广种多收"的目的。

那个时候，顺丰速运的业务运作模式与责任种田有些相似。那是一种非常简单的承包方式，每个业务员都会被划分一个片区，就像责任田一样，由这名业务员全权负责。这名业务员也就等于是这个片区的负责人，从开拓市场开始做起，再对市场进行悉心的维护。就像在庄稼里撒了种子，还要定期地浇水、施肥、除草，最终迎来收获。

不过，在公司迅速扩张的同时，也出现了一些弊端。当时快递员送快递的主要交通工具是摩托车，有时候为了追求速度，就会忽视安全问题。因此，时常有快递员在送快递的途中发生车祸，还会受很严重的伤。

因此，在顺丰速运扩张的初期，甚至有业务员说："顺丰是我们用命换来的。"不过，大家的付出并没有白费，每个月不菲的收入，就是对这种拼命精神的回报。

早在20世纪90年代末，顺丰速运在广东省一些城市的业务员，每个月都能获得超过万元的收入。这样的数字已经超过了绝大多数人的工资数目，因此在快递行业当中，顺丰速运快递员的高收入也在行业中竖起了一座标杆。

种种因素的促进下，顺丰速运如同一艘鼓足了风帆的帆船，一路顺风地向前航行。

即使是在顺丰速运不断发展壮大的时候，王卫依然坚持不在公众媒体上为顺丰速运做广告，低调的他也从不接受任何媒体的采访。可是快递行业的其他老板早已经在各种公众媒体上公开露面，不遗余力地宣传着自己的企业，并且投放各种类型的广告，让每个潜在客户都注意到他们的存在。当需要快递服务时，人们能通过这些广告迅速地想起他们。

对于一般人来说，这些都属于企业经营过程中的营销方式，都是必不可少的。而低调的王卫在他们眼中就显得有些"外行"。别的企业家都在卖力地向世人讲述他们的"成功学"，王卫依然躲在顺丰速运的背后，默默地"指点江山"。

人们认为，王卫一定不懂得经营企业形象和品牌，更加认定顺丰速运的人就是一窝得势发展的"土老鼠"。

无论别人怎样评价自己，王卫都没有公开地回应过。其实，他从未将这些评价放在心里，而是默默地做好自己的事情。他相信，自己实打实地做出的成绩，足以让那些嘲笑顺丰速运的人闭嘴。

在成立总部之前，顺丰速运在全国范围内已经拥有了180多家网点,只有华东和华北市场,顺丰速运进入得还不够深入,但这已经完全不影响它在行业中的知名度。在顺丰速运当时的业务总量当中,国内快递业务已经占据了40%的比例。

即便行业的趋势一路看好,王卫依然保持着谨慎的态度。稳扎稳打,依然是他经营企业的标准。因此,在许多快递公司的业务开始向物流行业扩展的时候,王卫依然坚持只做快递业务,并且只做小件的快递,不做重货。

坚持做快递成为王卫为顺丰速运制定的大方向。在经营企业方面,王卫已经具备了一定的经验,于是他开始进一步对顺丰速运的客户进行细分,并且按照客户细分设计产品的价格体系。

王卫经营企业的风格是喜欢剑走偏锋,不喜欢与行业中的巨头硬碰硬。当时,国际上最著名的快递公司一共有4家,这4家快递公司都包含了一些高端项目。高端项目自然会带来高额的利润,王卫却将这一块业务放弃了,只因为他不愿做与四大国际快递巨头重叠的业务。

不过,那些每次只收五六元钱的同城低端项目,也不在王卫的考虑范围之内。确定了这两点之后,顺丰速运的客户细分就已经很明显,就是排除了高端客户与低端客户之后剩下的中端客户。

针对这唯一的客户群体,王卫也专门设计了一些比较简单的服务产品。他对产品进行了统一定价:500克以内的商品,邮费不超过20元,同时提供上门送货服务,送货的范围实行全国联网,从收件到派件的时间,缩短到36小时以内。直到今天,这些标准依然被保留。唯一改变的是，随着物价水平的变化，服务费用进行了一些上调，与此同时，从收件到派件之间的时间也已经大大缩短。

从创业开始，王卫似乎就一直十分明确自己应该做什么，不应该做什么。他不是任何业务都做，在选择业务之前，他会认真衡量这项业务对公司的发展是否有帮助。如果是费力不讨好的业务，他会果断回绝。

据说，当年像摩托罗拉等一些大型跨国企业曾经找到顺丰速运，希望顺丰能够参与他们物流项目的投标。为此，王卫也进行了一番慎重的考虑。他发现，如果搞重货运输，就必须投入巨大的成本，并且利润比例也相对比较小。同时，顺丰速运多年来一直承接小件快递业务，重货运输并不是他们的强项。因此，王卫最终并没有接下这些看似会为顺丰速运带来更多名气的业务。

虚名都是浮云，王卫更看重一些实际的东西。对于王卫来说，更实际的东西不是如何继续扩大顺丰速运的规模，如何为顺丰速运带来一些虚幻的名头，而是如何提升自己的服务，将老客户好好地维护下去。

提升服务，会为企业带来更好的口碑。良好的口碑，比任何所谓的虚名都更加重要。在顺丰速运扩张的同时，快递行业已经变成一个供不应求的市场。顺丰速运如果想在这个市场上占据更多的网点，那也是轻而易举的事情。不过这时王卫开始不再追求数量，而是更加追求质量。

当时的他，就像一个自家都不缺粮食的大户人家，根本不可能去算计别人家那一小点的"粮食"。

在广阔的市场前景面前，许多从事快递行业的老板开始心潮澎湃。当发现物流行业与房地产行业呈现火爆的趋势之后，很多人奋不顾身地一头扎了进去。此时的王卫，却显得那样心如止水。他觉得，虽然已经从事快递行业多年，可是对于这个行业，他并没有做到百分之百的深入，更何况是那些自己从未接触过，也根本不了解的行业。

他似乎具备能够屏蔽任何外界干扰因素的能力，对物流业和房地产行业的巨大利润能做到视而不见。与此同时，他也开始放缓了顺丰速运扩张的速度。

企业扩张的同时带来了一些不可避免的问题。许多曾经站在同一起跑线上的竞争对手都在勇往直前地向前奔跑，王卫当然不甘心让顺丰速运落在后面。为此，他必须采取一些助力的方式，让顺丰速运能够在"跑道"上提速。

王卫采取的策略显得有些独特，别人都在想方设法地降价，好拉拢更多的客户。王卫却在此时开始提高价格，就是为了将顺丰速运的发展速度控制下来。

尤其是到了2003年之后，王卫执着地将年增长幅度控制在50%以下，同时每500克产品的快递费用也从15元提高到20元。

之所以这样做，是因为王卫已经开始意识到，如果再以这样的速度迅速扩张下去，顺丰速运的发展很可能会失去平衡。

主动思考是王卫具备的一项"特殊技能"。他不会依赖市场的提醒来让自己做出变化，而是提前预测市场可能发生的变化，提早控制，提早预防。即使如此，顺丰速运在发展的过程中也并不是完全没有吃过亏，不过王卫能够迅速地将吃过的亏转换为经验教训，并在此基础上，避免顺丰速运再一次出现危机。

3.于悄然间占领市场

都说环境可以造就一个人的个性。越来越商业化的社会里，随之而来的就是人们愈加浮躁的状态。有人在浮躁中茫然，有人在浮躁中焦虑。王卫却能以一个修行者的姿态，让喧嚣归于平静，让浮躁变成安宁。

在悄无声息之间，顺丰速运几乎已经垄断了华南市场的快递运输生意。正如一只捕食中的猎豹，顺丰以矫健的身姿，不声不响地在属于自己的战场上冲刺。不知不觉间，顺丰速运已经成为快递运输行业的"领头羊"。直到此时，人们才发现，之前对这个悄然崛起的企业竟然毫无察觉，甚至对这家企业崛起的历史没有丝毫了解。

就连许多广东人都不知道顺丰速运究竟是一家怎样的企业，至于远在华南、华东的同行们，在顺丰进入这里之前，从来都没有听说过顺丰速运这个名字。

顺丰速运仿佛一出世就是一个庞然大物，同行们对于顺丰竟然能无声无息地占领快递市场觉得不可思议。这足以证明，王卫是一个深藏不露的人。

早在1997年香港回归之前，作为国企的中铁快运希望通过铁路打开香港的快件市场。他们派出了代表去广东与海关方面进行商业上的谈判，可惜却遭到了当地海关的婉拒，只能无功而返。

中铁快运从海关那里得知，一家名叫顺丰速运的快递公司几乎垄断了全部通港业务。即使是中铁快运勉强打开了这条线路，货源依然掌握在顺丰速运的手里。这意味着，王卫在低调经商的同时，也与政府部门保持着良好的关系，并且取得了用户的绝对信赖。

而顺丰速运最初的小小店面，与其他一些物流行业的规模比起来，简直可以用"不正规"来形容。可就是这样一家"不正规"的快递公司，却在快递物流行业创造了一个又一个奇迹。

不止顺丰速运的规模"不正规"，在生意上，王卫也有出其不意的套路。别的快递公司送一件货需要70元钱，不论货物大小，哪怕是送一个邮件也需要这么多钱。王卫为了迅速抢占市场，每件货物只收40元钱。相比之下，顺丰速运的价格比市场价格整整降低了43%。

因为需要传递货物和邮件的顾客大多是商人，这笔不小的差价也让顺丰速运迅速获得了一大批中小商家的青睐。一时间，顺丰速运的门槛几乎被顾客踏破了。虽然每单生意赚得少，但是顺丰速运的客户量却迅速地累积了起来。凭借顺丰速运当时的生意量，每年赚几百万应该不是难事。

在当时，从广东到香港、澳门之间传递邮件的这个市场并没有什么门槛。因此，许多人都看出这是一项会带来巨大利润的生意，争先恐后地加入了这个行业，试图趁着混乱的局势分一杯羹。

王卫却不喜欢蹚浑水，他用理性的思维快速地梳理着整个市场的局势，如同抽丝剥茧一般，迅速将顺丰速运的业务带入了正轨。

他做生意有一项原则，就是从不做投机生意。他也经常用这个原则来告诫自己的手下，时刻警醒着大家不要走歪门邪道。

王卫认为，那些做走私生意的人，只会一门心思想着做走私生意。如果让这些人踏踏实实地做一个企业，他们也许根本做不来。

随着顺丰速运每天接收和派送的邮件越来越多，王卫也逐渐建立起正常的通关途径。之后，快递市场的政策越来越开放、越来越完善，王卫也从中找到发展壮大的机会。

曾经零散的"挟带"生意，就这样一点一点地形成了规模。那些货物不再由背包和行李箱运送出去，而是被包装成统一的快件。顺丰速运的快递运作模式也逐渐成型。

在顺丰速运生意规模不断扩大的同时，王卫也在当地建立起厚实的关系网。他是一个工作能力很强的人，并且具备极大的个人魅力。他认为，做生意最重要的就是要讲诚信，不仅不能抱着欺骗对方的想法，更要时刻为对方考虑。

王卫拥着长远的眼光，还下定决心要将顺丰速运打造成一项长远的生意。为此，如何处理好与政府、客户等人的关系就变得十分重要。在这一点上，王卫处理得非常完美。

精心的付出必定能带来美好的回报。顺丰速运的生命力在王卫的精心呵护下，变得越来越顽强。那些曾经与他一同开展速运生意的企业，因为没能像王卫这样把生意当做感情来维护，最终逃不过昙花一现的命运，一个接一个地消失了。而顺丰速运的深港货运生意却越来越红火。

1996年年初，顺丰速运已经基本上垄断了深港速运。从顺德到香港之间的陆路通道上，70%的货运都由顺丰速运一家来承担。此时的王卫还是一名年仅26岁的年轻人，创业仅仅3年。

每一名创业者，都有属于自己的独特个性。王卫身上的闪光点，就是如同猎豹一般的"搏杀精神"。薄利多销是王卫为顺丰速运定下的第一条战略措施，正是凭借着这一点，顺丰速运迅速地从众多物流行业中脱颖而出。

如果说当时的顺丰速运如同一棵刚刚破土而出的小苗，那么在接下来很短的时间里，这棵小苗就疯狂地吸收着雨露与大地中的养分，以最蓬勃的姿态生长着，并且很快就枝繁叶茂、遍地生根。

顺丰速运从香港开始，迅速扩大到华南、华东、华北地区。到后来，几乎整个中国都被顺丰速运的业务覆盖着。在中国，顺丰速运已经成为首屈一指的快递企业。当初的"背包客"王卫，如今也早已被冠上"快递之王"的头衔。

对于顺丰速运与王卫本人来说，1993年是他生命中第一个里程碑，也是第二个转折点。与顺丰速运在同一年创立的还有申通快递和宅急送这两家公司。他们在相同的时间站在了相同的起跑线上，也各自发力，朝着前方一路飞奔，并且同时在中国的快递行业占据了举足轻重的位置。

有人说，王卫的创业之路在20世纪90年代初期是非常典型的。当时，许多创业者都像他一样是"异乡人"，并且创业的初衷都是为了解决生存问题。他们都不是天生的创业者，都是一路摸着石头过河，一面创业，一面累积经验，再一面摸索着前进。

与王卫同时期创业的还有许多人，他们也都选择了快递物流行业。当时，广东省内的绝大部分快递公司都聚集在东莞市的虎门镇。因为那里交通便利，是广东高速公路网络的一个重要交汇点。如果想要向东或向北送货，有广深高速；如果向西，还有虎门大桥和常虎高速。只可惜，那些与顺丰速运一同"降生"到这个世界的许多快递公司，有一大半已经彻底消失了。

有人说，顺丰速运是快递行业的幸存者。然而，即便是幸存，也绝不是偶然。顺丰速运经营火爆的背后，蕴藏着王卫数不清的精力和血汗。

当时的王卫和下属的几名员工每天的任务就是飞奔。那个时候，王卫的手下只有十几名员工。不过，顺丰速运的业务，却已经从深港货运蔓延到国内快件。

一时间，顺丰速运的订单量暴涨，困扰了人们多年的物品邮寄业务终于迎来了一片广阔的沃土。

每天天不亮，王卫就已经开始工作了。一辆辆满载着货物的大货车，来到那家位于钵兰街的顺丰速运门店门口，王卫就带着手下员工们从车上把货物一件件卸下来，再塞进每个人的背包。大家的背包都被塞得满满的，之后就跨上各自的摩托车，开始一天的飞奔生活。他们的身影穿梭在大街小巷，将邮件送到每一个客户的手中。当他们结束一天的工作时，已经到了深夜。

送快递的速度，是王卫最看重的事情。那时还没有智能手机，更没有便利的导航软件。快递员们在送快递时，完全依靠地图来找路，有的员工光是地图就翻烂了几十张。

为了尽快把快递送到顾客手中，快递员们的驾驶速度越来越快。其实，这样的速度对于人身安全来说是绝对有危险的，但为了速度，大家已经有了一种不管不顾的精神。这种精神也在顺丰速运创立的初期起到极大的助推作用。

顺丰速运能够取得今天的成就，王卫最感谢的就是每一位快递员的奉献精神。所谓奉献精神，就是心甘情愿地付出，从不考虑个人利益的得失。对于顺丰速运来说，这种奉献精神并不是需要员工们为企业付出自己的生命，而是真的把企业的利益、顾客的利益都当成自己的利益，不在意为企业牺牲一些时间、一些精力、一些体力。

一个没有奉献精神的民族，是很难自强自立的；一个没有奉献精神的企业，也是很难做大做强的。

在挑选员工时，王卫也将这名员工是否具有奉献精神当做参考条件之一。他认为，作为顺丰速运的员工，应该热爱自己的企业，并且以企业的成功与获胜为荣。同时，对于自己所从事的工作，要有强烈的使命感和责任感，真正热爱自己所从事的行业，不会觉得快递员的工作没有技术含量就敷衍了事，而是要将一个看似最不起眼的行业做好、做精。

勤奋是王卫对每一个顺丰速运快递员的要求。哪怕是送快递这件小事，也要争取做到一流，即使暂时没有做到，也要具备争一流的精神。

有人说，送快递是一件很简单的事情，只要按照快递单上的地址，把快递送到顾客手中就好了。王卫却觉得，快递行业也是具备无限创新空间的。最重要的就是，要跟上时代的步伐，随着时代的变化而改变。这种创新精神，也会成为企业发展过程中的内在动力。

没有奉献精神的员工，王卫一定不会录用。因为这样的人不会和其他同事心往一处想，力量自然也就不会向一处使。这样的人对待工作大多是应付了事，工作质量更是无从谈起，久而久之，还会分散其他员工的凝聚力。

因为执着于奉献，执着于将顾客的利益当做最高的利益，顺丰速运才有了如今的规模。有人说，王卫是幸运的，他们却不知道，王卫的幸运是自己一手创造的。因为心中自有定数，所以成功早已紧握手中，而企业的发展和营业额增长都不过是水到渠成之事。

到了2005年，顺丰的营业额已经达到16亿元；仅仅过了5年，也就是2010年，顺丰的营业额迅速增长到120亿元；也是在这一年，顺丰速运开通了韩国和新加坡的派送业务，并且拥有了属于顺丰自己的两架757飞机。

5年的时间，营业额竟然翻了7.5倍，这不得不让人承认，顺丰速运已经成为快递行业中的一个奇迹。

早在几年以前，王卫的身家就已经超过了10个亿。不过，即使是搜遍各大搜索网站，王卫的形象依然是一个谜。在顺丰速运成立的20多年时间里，王卫公开露面的次数屈指可数，因为低调，在公众眼中，王卫已经成为一个带有浓烈神秘色彩的人物。

如今，顺丰速运每年的营业额都超过几百亿，自有货机十几架。不过，王卫却是一个大方的老板，愿意将自己的利润与员工们分享。据说，顺丰速运的一线员工月薪可以过万。

王卫对自己最大的要求就是必须不断地创新。如果公司3个月没有创新，他就会觉得危机四伏。为了了解公司的真实状况，他还会定期下基层"微服私访"，从事起自己的老本行。他的身上的确丝毫没有老板的架子，因为当他下基层时，员工们都认不出他就是大名鼎鼎的王卫老板。

经过二十几年的发展，王卫从最初的"背包客"一步步地将市场延伸，成立了内地第一家使用全货运专机的民营速递企业。二十多年来，借着互联网购物快速发展的东风，顺丰速运也累积了优秀的商业口碑，在快递市场中独领风骚。

第二章
神秘人的神秘世界

1.第一把交椅有多远

王者是一种风范。自然界的每一个物种，都有王者的存在。人类所从事的各行各业，也总有人坐着头一把交椅。

与那些在战场上卖力厮杀、叱咤风云指点江山的王者不同，王卫在指挥顺丰速运向全中国扩张的时候，采取的是无声无息的方式。广东的快递业务早已在无声无息之间被顺丰速运占据了大部分，华南地区的快递业务也几乎被顺丰速运不声不响地垄断。

于是，王卫拥有了更大的野心，那就是在全国范围内扩张，在全中国的快递行业占据属于顺丰的一席之地。

他从不将自己的野心声张出来，这一点，与同行们相比就十分不同。当年，申通快递、圆通速递、中通速递、汇通快运、韵达快递等民营快递公司在抢占华东市场时，可谓是开展了一番轰轰烈烈的造势行动。铺天盖地的新闻、广告打得风生水起。就连宅急送向华北地区扩张时，也是恨不得想尽办法让天下的每一个人都知道宅急送的新动向。

而顺丰速运的扩张计划，却在无声无息地执行着。

1996年，王卫萌生了让顺丰速运进军华东地区的想法。在实现过程中，他依然保持着一贯的低调作风，没有任何造势行动，将全部的精力都放在了一步步实现计划上面。

王卫的默默行动，让其他的竞争对手们毫无察觉，甚至没有人知道顺丰速运已经下定了抢占快递市场的决心。在不知不觉当中，其他的快递企业发现自己的订单数量在慢慢减少，与此同时，这些订单都被悄无声息地转移到顺丰速运的手里。似乎每在一个地方"横空出世"，顺丰速运都能抢占一定的市场份额。

有人将顺丰速运的这种扩张方式形容为"温水煮青蛙"。事实也的确如此，不知不觉间，竞争对手们就被顺丰速运给"煮"了。而拿下整个华东市场，王卫只用了短短3年的时间。

2002年，王卫展开了一场轰轰烈烈的"收权行动"。他将顺丰速运的加盟商式运营转变为全直营，在中国的快递行业历史上，王卫的这一举动堪称史无前例。

之所以这样做，是因为王卫从加盟商式运营的模式中发现了许多弊端。

当时，对于顺丰速运的地方代理商，王卫采取的是放权式管理。这样做的好处是让顺丰形成了自下而上的发展动力，作为企业创始人的王卫，只要采取无为而治的方式，就能让企业走上良性轨道。

在1999年之前，王卫甚至短暂地离开了公司一段时间。那段时间里，他将生活重心放在了家庭中，把更多的时间用来陪伴妻子，享受了一段人生中难得的悠闲时光。

然而，放权式管理的弊端很快就显现出来。当时的顺丰速运将扩张市场当做发展重心，顺丰的网点和快递员的数量在不断增多。这样就有些类似战国时期的诸王称霸，各个片区开始各自为政。在片区当地，员工们只听自己经理的话，至于顺丰速运的老板，他们根本不知道是何许人也。

渐渐地，开始有一些地方片区的负责人做出出格的举动，就连王卫也无法约束。这样导致的后果就是，某些片区的顺丰网点与顺丰速运之间的关系变得日渐紧张，个别人的权力和影响力比王卫这个负责人还要大，有些人甚至悄悄地带走了许多业务，另立门户单干。

也许王卫一贯的低调个性，让一些人误以为他是个好欺负的人。直到这一刻，向来好脾气的王卫终于忍无可忍。从1999年开始，一场收权行动在无声无息之间进行。

王卫的收权方式就是一刀切。想要留下来的，由顺丰速运将产权全部回购，否则就走人。有些人只要拿到钱，就会乖乖服从；有些人却公开挑衅，甚至以威胁、恐吓的方式对待王卫。

面对这些伎俩，王卫处变不惊。他将全部的威胁和恐吓一一摆平，只用了两年时间，就建立起明晰的顺丰架构以及各分公司的产权。

在这个过程中，王卫坚定了一个信条：如果想要掌握公司的话语权，就必须将公司的资产都牢牢掌握在自己手中。因此，哪怕是从创业开始跟随了王卫十几年的人，他也没有给他们分一分钱的股份，在整顿的过程中，甚至将曾经在顺丰速运就职的自家亲戚请出了门外。

2002年，经历了一番组织结构大变革的顺丰速运，在内部人员方面也进行了一番彻底的"清洗"。此时，顺丰速运总部应运而生，这是王卫第一次感觉到企业在自己掌控之中。

收权过程中的艰辛，唯有王卫自己才能体会。不过，能够最终顺利地将权力收回来，也得益于王卫在一开始为顺丰速运制定的战略。

从一开始，顺丰速运就采用分成的管理模式，这样做的好处是，业务员会将公司当成自己的公司，将工作当成自己的事业。这为他们提供了无穷的工作动力，在负责人的带领下，每个片区的业务都在飞速扩展着。

不过，片区负责人的权力，就在这个过程中被无限放大了，顺丰速运的分片区网点不止一次出现负责人将业务带走的情况。

这困扰了王卫很久，在快递行业内，这似乎成为一个普遍而又难以解决的问题。王卫给出的解决方法非常简单，就是增加顺丰速运对客户的黏性，做到比其他快递公司更快将邮件送达。别的快递公司承诺48小时送达，顺丰速运就承诺36小时。当别人也能承诺36小时的时候，顺丰就承诺24小时。

因为有着强大的后台系统作为支撑，并且在提升速度这一块，王卫十分舍得投入资金，顺丰速运对于顾客在时间上的承诺，总是能够很好地兑现。

那些带着原本属于顺丰速运业务另立门户的人，很少有人在这个行业坚持到最后。这是因为他们没有王卫那样的初心，没有抱着为客户服务的心态，只是看准了从这个业务中能赚到钱，却忽略了提升客户服务才是赚钱的根本。

与顺丰速运接送快件的时间相比，这些快递公司至少都会慢上半天以上的时间。正是因为这些时间上的差距，客户们在尝试了其他快递公司的服务之后，又会回过头来将自己的业务交给顺丰。

因为这一点，王卫能够顺利地收回所有权力，并没有对公司造成元气上的伤害。

2002年，完成了将顺丰速运从加盟转为直营的收权行动之后，王卫将公司的总部设在了深圳。当时，王卫为顺丰速运的定位是国内高端快递。就在收权行动刚刚结束一年之后，非典大规模爆发，一时间，没有人敢轻易出门，这为顺丰速运的业务带来了又一轮生机。

因为非典疫情泛滥，人们连走出家门都要鼓足勇气，更是很少有人敢出远门。一时间，机场成为最冷清的场所之一，各大航空公司的生意在那段时间都十分萧条，航空运输的价格也一跌再跌。

王卫一眼就看准了时机，借着这个机会，与扬子江快运签下了包机5架的协议。就这样，顺丰速运成为第一家实现空运的快递公司。这次事件，也为顺丰速运日后坐上快递行业的头把交椅奠定了基础。

也正是从这段时期开始，王卫下定了决心，只做小件快递，不做重货，也不涉足其他行业。

自从完成了一番巨大的调整之后，顺丰速运开始正式向华东一带扩展。公司的管理模式也渐渐步入正轨，王卫也已经为顺丰速运在全国范围内的扩张架设好了一张立体网络。

然而，除了顺丰人，没有任何人注意到顺丰正在经历的变化，就连顺丰速运完成了内部大调整这么大的一件事，都是在悄然无声中进行的，媒体们也没有从中嗅出任何信息，也从未对这次事件进行过任何报道。

当时间来到2009年，顺丰航空正式获准运营。顺丰一次性购买了两架属于自己的飞机。至此，顺丰速运也成为第一家拥有自己飞机的中国民营快递企业。

在扩张的道路上，顺丰速运没有大张旗鼓地向竞争对手们宣战。当他们意识到顺丰已经进军并占领了属于自己的大部分地盘时，再想做出反击，却为时已晚。

顺丰速运的发展在悄无声息地进行，就连顺丰速运的办公地点都显得十分隐蔽。2003年的时候，宅急送的老总陈平曾经去广东找王卫。当时陈平的手中只有一个顺丰速运的地址，他拿着这张地址单在广东的大街小巷转了许多圈，就是没有找到顺丰的招牌。

无奈之下，陈平只好给王卫打了一个电话，王卫在电话那头指引着陈平究竟该怎样走。让陈平万万没有想到的是，他要去的地方，竟然在一处地下室，那里就是王卫在广东设立的顺丰速运公司。

进入公司之后看到的一幕，更是让陈平大吃一惊，王卫和几十个派件员背着大包，正准备出发去送快递。

当时的顺丰速运，业务量还不到宅急送的1/3。然而这只是暂时的现象，短短两年之后，顺丰的业务量已经增长到宅急送的 2 倍。

许多年前，在快递行业有"南顺丰、东申通、北宅急送"的说法。到 2005 年，顺丰的营业额还基本和申通持平。然而到了 2010 年，顺丰的营业额就已经达到申通的 2 倍、宅急送的 6 倍。也是在这一年，顺丰速运开通了韩国和新加坡的业务，并且拥有了属于自己的运输飞机。

就连购买飞机，成立顺丰航空公司这样的大事，王卫都只是在顺丰速运的官方网站上发布了一个并不起眼的通知而已。许多人说，顺丰前进的任何一步，如果单拿出来做宣传，都会是快递行业内的一条爆炸性新闻。可王卫偏偏选择默默地前行，从不拿自己的任何成绩作为炒作的噱头。

在商界，品牌的知名度可以带来无限的利润。也许很少有商人会像王卫这样，白白地浪费掉无数个能让自己和顺丰速运扬名立万的机会。甚至还有人质疑，王卫的低调是故作姿态，实际上就是在用这样的方式引起别人的关注。只有真正了解王卫的人才知道，他就是这样一个不张扬的人。

如今的顺丰速运，已经在低调中默默前行了 20 多年。王卫也早已用自己稳扎稳打的方式，将顺丰速运打造成中国快递行业的标杆型企业。星星之火，可以燎原，这颗从广东一个曾经并不知名的小镇迸发出来的火星，如今已经在中国的大江南北熊熊燃烧。

在管理方式上，顺丰速运也早已不似当初那个杂乱无章的"老鼠会"，开始采用高效的信息化管理，在送货时间有了保障的同时，也给顾客留下了诚信的印象。

王卫让顺丰速运坐稳了快递行业的头把交椅，他自己则依然甘于做一个默默无闻的快递行业巨头。

王卫有一个观念——艺术家气质是企业能够获得长远发展的重要原因。艺术家都是有理想的人群，他们喜欢倾尽所有去追逐自己的理想，不在意这个过程会给自己带来什么收益。

在王卫看来，越是不在乎得失的人，越会收获意外的财富和利润。无论到什么时候，都不能把赚钱摆在第一位，理想永远都应该是至高无上的。理想会给人带来无穷的力量，推动着人去不断改正自己的错误，朝成功的终点迈进。

2011年7月，王卫曾经在顺丰速运公司内部发表过一次讲话。他说："我觉得企业跟人一样，如果能有一些理想，做事的态度和结果就可能会完全不同……企业要想长远发展，还是要有一点艺术家气质，而营业额可能是水到渠成的事。"

这番话与"创业教父"马云在早年接受采访时说过的一番话不谋而合。马云说："拼命奋斗的动力是什么？不是财富。从大的方面说，我真的就想做一家大的世界级公司，我看到中国没有一家企业进入世界500强，于是我就想做一家。从小的方面说，既然出来了，那么就得做下去。我不喜欢玩儿，有人为了权力，有人为了钱，但我没有这种心态。说实话，为自己，为这个国家，为这个产业。一个伟大的将军，不是体现在冲锋陷阵的时候，而是体现在撤退的时候。网络不行的时候我真正体会到了如何做企业，2000年以前，我没有做企业的感觉，而现在我觉得自己是在做企业，而不是做生意。"

开一家世界级的大公司就是马云曾经的梦想，这个梦想也一直在推动着他不断努力。大的理想必然会带来大的责任感，也会带来更大的动力。

不过，光有理想却不动手去实现，理想也只能是空想。其实，王卫在创办顺丰速运的最初，并没有奢望顺丰可以坐上快递行业的头把交椅。他只是希望能够做得比别人更好，换来顾客的认可，获得更好的口碑。每一天，他都为这个简单的理想在不断地努力。因为在王卫看来，为了理想而努力，不仅是一种人生智慧，更是一种人生态度。

没有人不渴望成功，成功是每一个人为之奋斗的目标和动力。理想能够激励一个人，鞭策一个人，让一个人每天都斗志昂扬，以最饱满的姿态迎接全新的人生。只有积极的人才能创造辉煌的成绩，也只有不放弃拼搏的人，才配得上拥有一个美好的未来。

如今，已经成为快递行业巨头的王卫，依然将理想当做成功之路上的基石。在他看来，自己并不算成功，这都是别人强加给他的定义。

他依然将自己当成一个追梦者，将理想放在人生的第一位，带领着顺丰速运一路向前狂奔。不放弃理想与追求已经成为顺丰速运的企业文化之一。它激励着每一个顺丰人，支撑着他们不断前行，为他们带来前行的动力。

2. 50万元的饭局

创业也是一门艺术，就像人生一样。很少有人能做到不张扬、不显露，以一种波澜不惊的心态，将自己隐藏在繁华商界中的某个角落。低调行事，将能力隐藏在低调之中，堪称创业者的最高境界。

在许多同行眼中，王卫是个太过神秘的存在。顺丰速运已经打入了华北市场，可是它背后的掌舵人却从不露面。

顺丰速运在华北地区的办公地点，就位于北京空港物流园的中央。顺丰速运在那里占据了一栋四层的办公楼。王卫采用的是封闭式管理模式，除了顺丰速运的员工以外，没有人可以进入他们的办公场所。

整栋办公楼的顶层设立着顺丰速运的监控室。房间里布置着一块块整齐的黑白屏幕，顺丰速运的仓库收发信息、实时派件情况和车辆运行状态，全部可以通过这些屏幕进行监控。

有人说，顺丰速运就像一个庞大的"工蚁家族"，每一个顺丰速运的工作人员，都像"工蚁"一样按部就班地工作着。如今，这个庞大的队伍已经拥有了超过20万名员工。作为这个"工蚁家族"的领军人物，王卫在公众视线中露面的次数屈指可数。

有一段时间，许多同行业者都想与王卫见上一面，甚至不从事快递物流行业的人也想一睹他的真容。于是，香港的狗仔队开始蹲点"抓"王卫，费了九牛二虎之力，却只拍到一张模糊的侧脸照片。

有些风险投资机构看好顺丰速运的发展，想要为其注资，可王卫始终不愿出面与风险投资机构的代表见面。到后来，某个风险投资机构甚至对外开出50万元的价码作为中介费，只要谁能请到王卫与他吃顿饭，就能拿走这50万元。

如此天价的中介费，更显得王卫神秘十足。他的低调仿佛已经融进了骨子里，就连做企业也是如此。

直到现在，顺丰速运也从来不在公众媒体上做广告，更不请代言人，甚至就连顺丰速运在武汉布局陆运中心的时候，媒体上也没有出现过任何相关报道。更有趣的是，当顺丰速运已经在深圳福田经营得风生水起的时候，当地领导竟然不知道当地还有这样一家企业，还是从别人的嘴里听说在自己的管辖范围里，有这么一个快递行业的龙头公司存在。

王卫仅有的几次出现在公众视野里，也是穿着简单朴素。人们仔细端详着他的长相，试图从中找出一些特别之处。他中等身材，脸庞有些偏瘦，发型是最简单的寸头，根本不需要任何特殊的打理。人们有些惊讶，这样的容貌与装扮，在大街上似乎随处都能看到。作为一位快递物流行业的巨头，这样的形象与他的身份相比，实在是有些不够显眼。

王卫从小在香港长大，深受粤式文化的影响。人们将广东与香港的商人称为"粤商"，王卫就是粤商中最典型的代表。

粤商的风格就是不显山、不露水。他们不喜欢张扬自己的富豪身份，在生活中，就像再平常不过的普通百姓一样，穿着最家常的衣服出门，逛菜市场时还会和菜贩们讨价还价。

只做不说成为包括王卫在内的粤商们最典型的优点。他们不仅高调做事，低调做人，在生活上更是尽可能地简朴。

在"慎行"的同时，王卫也做到了"谨言"，他从不随便公开发表任何言论，更不会轻易做出任何承诺。因为太过低调，同行们总是低估他的实力。不过，这些被他刻意隐藏起来的锋芒，却逃不过那些风险投资人的眼睛。

无数个风险投资企业希望能够投资顺丰速运，王卫却总是保持着一贯的婉拒态度。他能够清醒认识到自己想要什么，也知道该怎样去做。有些事情，他是不需要别人来帮助的。

因为信佛的关系，王卫养成了低调的个性。他是一个虔诚的佛法徒，在他的办公室里，一共供奉了六尊佛像。在一次接受访问时，王卫谈到自己在管理企业的时候，也会将佛学理论引入其中。

他也承认，有时候自己就是一个矛盾的化身。他享受佛学带给他的内心平静，同时也热衷于尝试刺激的运动。例如越野车和极限自行车运动，都是王卫的最爱。当年许多与王卫一起玩极限自行车运动高山速降车（downhill）的人，回想起过去来，都对这项运动心有余悸。唯有王卫,还乐此不疲地参与其中,体会着冒险带来的快感。

王卫觉得,做企业要靠实力说话,企业家如果只追求曝光率,那这个企业就很难做得纯粹。

他的经商风格,有些像美国管理学家巴达拉克教授在《沉静型的领导》中说的一段话:"大多数卓越的领导者并非公众英雄,他们的一举一动都很有耐心,非常谨慎,做事循序渐进;他们做正确的事情——为了他们的组织,为了他们周围的人们,也为了他们自己——不动声色,毫发无伤。"

王卫就是典型的沉静型领导者,因为低调,才取得了比别人更加超凡的成就。他在通过这样的方式尊重他人,给予他人足够的肯定,同时也尊重了自己。

王卫第一次接受媒体采访时,把机会给了《羊城晚报》。他承认,这是自己第一次面对媒体,还笑称自己是抱着"豁出去"的心态。在采访之前,他就向记者保证,只要能说的,一定不会保留。不过,他也提出了唯一的要求,就是不许拍照。

他已经习惯了享受低调的生活。在王卫的心目中,自己和平常的老百姓没有任何区别。不被媒体打扰的生活十分自在、轻松,他也不愿意放弃这样的生活。

王卫说过这样一番话:"我认为,人的成就和本事是没有关系的,成就是与福报有关系,所以有钱没有什么了不起的,拥有本事也没有什么了不起,赚到钱只是因缘际会而已。所以我认为,个人事业上的一些成就不值得渲染。"

这就是王卫的价值观。他崇尚低调，也尊重梦想。创业的二十多年里，王卫坚信是梦想给了他无穷的力量，也是梦想帮助他找到了正确的价值观。

他经营的企业和他本人一样，有梦想作为支撑。不过，王卫明白，一家企业仅仅有梦想是不够的，还需要正确的、有引导性的企业文化，将每一个员工凝聚在一起，让大家的价值观保持统一，这才是更重要的事情。

有些企业的老板觉得，企业文化都是虚无缥缈的东西。有的企业创立企业文化，甚至只是为了应景，为了好看，为了说出去好听。其实，企业文化不是设计出来的，而是企业在多年经营过程中潜移默化而成的一种风格，一种做事的态度。

顺丰速运的企业文化，不是为了拥有企业文化才产生的，更不是因为别的企业有，他们也一定要有。王卫觉得，自己创办的公司，并不是什么了不起的机构，他只是给自己的员工们提供了一个赚钱的平台、一个发展的平台。

不过，人活着，绝对不仅仅是为了温饱。当吃穿问题都不再是难题的时候，人活着，就要思考一下究竟什么才是生命的意义。王卫做企业，都是从良心出发，首先就是要过得了自己这一关，只有他觉得对得起自己良心的事情，才能继续做下去。

作为一家民营企业，顺丰速运绝对可以称得上是有良心的。王卫在创办顺丰速运的过程中，从来没有借助过任何人的力量，也没有乞求过政府的扶持，更没有做过坑蒙拐骗的事情。他所走的每一步都是踏踏实实的，每一步都留下了坚实而又清晰的脚印，见证着他所走过的每一段路。

无论到什么时候，王卫最看重的都是一个人的良知。顺丰速运也被他打造成一个有良知的企业。对客户负责任，就是一种有良知的表现。他希望，许多年以后，顺丰速运也可以成为一家成功的民营企业。事实上，王卫的这个愿望，早就已经实现了。

每一个顺丰人，都是老实、讲诚信的人。他们不会刻意地高调宣扬自己所做的事情，不会炫耀自己取得的任何成绩，更不会为了短期利益出卖自己的良心。这样的人，必定能干成大事。顺丰速运取得如今的规模，就是最好的证明。

据说，当一个人走到人生终点的时候，自己一生的经历都会在眼前重现。王卫希望，自己到了那一天的时候，可以问心无愧。至于是成功，或是失败，这些都不重要。重要的是，他用一生的时间，保持住了自己的那种精神。那是一种被所有人认可的，能够将大家凝聚在一起的精神。

国际上的一些快递物流公司是顺丰速运最强大的对手。面对这些竞争对手的挑战，王卫也时刻保持着警醒的姿态。他必须时刻清醒着，带领每一个顺丰人，守护好自己的阵地。不过，对于这场"战争"的成败，他似乎早已释然。即便最后输掉了这场"战争"，他也不会遗憾。至少，他亲眼见证了每一个顺丰人为了中国的快递行业发展，心手相牵，一起奋战过。

每一个人都记住顺丰速运的名字，并且打从心眼里欣赏、佩服，这比赢得"战争"更加重要。这是因为，让人们铭记，比让竞争对手痛击，更让他们感到恐惧。

王卫最欣赏军人的品格，因为军人是勇敢的，是无畏的，是具有献身精神的。他们不怕输，但哪怕是输，也要输得有尊严；哪怕是死，也要死得有价值。王卫觉得，顺丰速运的团队，就需要有军人一般视死如归的气势。

当一个人心怀诚信，其外在气质也能体现出来。责任感是每一个人身上都必须具备的气质，只有这样，做人才能堂堂正正。在顺丰速运召开的每一次年会上，王卫都会反复向大家强调责任感，强调什么才是正确的价值观。因为只有每个人都树立了正确的价值观，才知道这个企业究竟是在做什么，又是为了什么而做。对企业有了更多的理解，他们的行动会变得更加有目标，也会更加有效率。

把顺丰速运打造成一家有责任感的企业是王卫的梦想。不过，他并不觉得这是一个梦。因为梦是虚幻的，是不真实的，梦想却是可以实现的。

尤其是对于总部的核心管理层，王卫的要求会更加严格。只有高层们领会了企业的精神，才能更好地贯彻到基层当中去。正确的价值观也是这样，由高到低，一层层地渗透下去。

王卫将"诚信"二字当做顺丰速运的灵魂。人不能没有灵魂，企业也是如此。一家有灵魂的企业，才有可能成为一家有良知的企业。有了灵魂和良知，才能树立正确的规章制度。

不过，如果一家企业只靠规章制度才能生存下去，简直就太过悲哀了。没有任何一种规章制度能事无巨细地覆盖所有方面，当出现没有被规章制度涉及的问题时，就需要用自己的价值观去判断对错。此时，一旦价值观产生偏差，企业很可能被导向错误的方向，并最终走向灭亡。

树立正确的价值观，也是顺丰速运企业文化的核心。王卫希望自己的企业能够被国人尊敬，被世界尊敬。而实现这一目标的前提，就是每一个顺丰人都抱着相同的价值观，怀着相同的理想，迈着协调统一的步伐一路前行。

王卫从来不喜欢通过业绩来评判一个人的好坏，更不会看这个人是否会说好听的话。他判断人的标准是人品，是工作态度。如果这两方面都没有问题，哪怕业绩暂时没能提升，也无关紧要。他相信，这样的人是不会甘心比别人差的，他们一定会付出加倍的努力来争取赶超别人。

王卫愿意帮助这样的员工向上攀登，而面对那些自甘堕落的人，他会狠心地将其抛弃。

做老板最重要的是懂得赏罚分明，这一点尤其体现在与金钱有关的业务上面。顺丰速运内部也曾出现过一些与钱款有关的事件，有些事件涉及的金额并不巨大，但影响却十分恶劣。有人劝王卫，既然数额不大，就没有必要惩罚得太过严厉。如果要将犯错的人员和他的经理、高级经理、区总一同惩罚，显得有些小题大做。

可王卫却认为这不是金钱数额大小的问题，而是关系到一个人的品质，也关系到顺丰速运的原则。那些为犯这样错误的人求情的人，也拥有错误的价值观。面对这样的事情，王卫根本都不和别人讨论，直接就决定惩罚的力度一定要大。

对于王卫来说，顺丰速运的口碑比他个人的面子更加重要。在公司内部，他希望每个人都能保持相同的价值观。如果价值观有偏差，无论那个人的职位高低，一定不能在顺丰走得长远。

有人说王卫的个性太强势，其实这并不是强势，也不是极端，而是对正确价值观的执着。王卫做事从来都是对事不对人。在他眼中，顺丰速运的每一个人无论职位高低，全部都是他的同事。

不过，当公司发展到一定规模，下面分公司的一些状况也有些难以把控。某些分公司的经理做事不公平或者不诚信，导致下面的员工误会公司总部，甚至发生顺丰员工公开谩骂顺丰速运的事件。

然而，只要这些员工真正见识到总部的管理，就会了解自己完全是误会了顺丰。对于这样的分公司经理，王卫也会严查到底，并且责令每一个区域经理管好自己下属的分公司经理。

对外低调，对内严格，这就是王卫。他说："顺丰的价值观对我而言，已经凌驾于名利，甚至生命之上。"

3.硬得有点不合群

哪怕是一棵卑微的小草，也要倔强地生长。做人，更需要一份倔强，把它根植于自己的内心，让它时刻提醒自己，没有任何人、任何事能够让自己放弃对梦想的追求。

有人喜欢将国人按地域分成"南方人"和"北方人"。都说北方人性格倔强，南方人性格柔婉。王卫出生在上海，成长于香港，如果按地理位置来划分，他是个不折不扣的南方人。不过，这个南方人骨子里却有着比大部分北方人还要倔强的因子。

当顺丰速运发展到第十几个年头的时候，一场国际快递企业的资源整合行动开始了。到了2007年，这场行动进行到高峰期，美国联合包裹（UPS）也开始大规模地加大中国快递网络建设。

UPS创始于1907年，起初只是一家设立于美国华盛顿州西雅图的信使公司，渐渐地发展为一家全球性的公司。2007年时，UPS已经成为世界上最大的快递承运商与包裹递送公司，同时也是运输、物流、资本与电子商务服务的领导型提供者。

UPS在全世界200多个国家都设立了分公司，并且还在不断地开发供应链管理、物流和电子商务的新领域。

其实，UPS 的起步与顺丰速运有些相似，只不过比顺丰速运早了几十年。当初，UPS 的两个创始人只有借来的一百美元作为创业基金，他们每天骑着自行车在城市里送快递，在美国已经几乎普及汽车的年代，这两位创始人甚至还没有一辆汽车。可以说，UPS 是美国快递行业里最早出现的一家公司。

不过，他们坚持以最好的服务、最低的价格为原则，既负责传递信件，也负责为零售店运送包裹。很快，在整个美国西岸，UPS 的知名度越来越大。

到了 20 世纪 30 年代，UPS 的服务已经遍布美国西部所有大城市，并且开发了第一个机械包裹分拣系统；50 年代，UPS 取得了"公共运输承运人"的权利，包裹递送业务也从零售店扩展到普通居民。

UPS 成立的 100 多年来，也曾经历过高潮和低谷，不过他们都凭借完美的应对措施，平稳地渡过难关。

2001 年 5 月，UPS 宣布与阿里巴巴旗下的在线批发电子商务平台"全球速卖通"结成战略联盟，UPS 成为全球速卖通平台的首选物流供货商。

中国 2005 年加入 WTO 之后，快递市场也开始正式对外开放，很多外资企业纷纷进入中国，开展国际快递业务，UPS 就是其中一家，并且很快开始在中国全面运营。

在 UPS 面前，中国民营快递企业倍感压力。与此同时，作为中国大陆最早成立的国际货运代理企业，嘉里大通也开始积极铺设国内的公路物流网络。

嘉里大通成立于1985年，比顺丰速运还要早8个年头，同样是一家将总部设在香港的企业。嘉里物流联网也是亚太地区最具领导地位的第三方物流供应商之一。

嘉里大通的总部叫嘉里物流集团，在国内，它是最早从事物流仓储、配送和国际货代的第三方物流公司。嘉里物流联网拥有庞大的服务网络，遍及全球，在欧洲和东南亚等地都设有子公司。

在中国，嘉里大通的业务覆盖了32个省份，拥有130多个子公司，辐射全国1000多个城市，员工数量超过4000人。因为经验丰富，国内外网络完善，信息系统先进，又和政府保持着良好的关系，嘉里大通也为众多知名的跨国企业提供定制化的综合物流解决方案。

当时，嘉里大通在货代行业领域率先通过了ISO9000国际标准品质体系认证，还被国家品质技术监督局授予全国品质管制优秀企业称号，又被《中国航务周刊》评为中国最佳物流设计方案物流企业。

2005年，嘉里物流联网收购了大通国际运输有限公司70%的股份，也正式创立了嘉里大通这一物流品牌。

许多资本不如嘉里大通雄厚的快递企业，为了快速发展，也开始了大规模的并购行动：申通快递将海航旗下的天天快递收购下来，其他的物流快递企业也纷纷开始朝着大物流方向前进。

他们似乎觉得，只有改变自己，才能够跟得上行业的趋势，没有人拒绝做出改变。

此时，王卫就成为唯一一个拒绝改变自己的人。他拒绝让顺丰速运并购，在物流快递行业，他仿佛成为一个异类，不肯随着大流前进。在别人看来，王卫这是在消极应对这个行业的变化，甚至还有人说，王卫和他的顺丰速运"硬得不合群，像块石头"。

顺丰速运是王卫一手创办起来的企业，对于这个企业，他投入了深厚的情感，如果接受外资收购，就等于将自己的心血拱手送人，他怎么可能舍得？更重要的是，除了情感上的依恋，王卫也高度认同顺丰速运的价值。他坚信，顺丰速运在未来将会有很强大的爆发力，并且中国的快递市场在未来也有很大的发展空间。外资企业开出的价码，相对于未来的发展空间来说，实在不值得一提。他觉得，这是外资企业在低估顺丰速运的价值。

许多商人都将商业利益摆在第一位，王卫却始终抱有一份爱国情怀。他觉得，顺丰速运是中国的民营企业，就是中国的品牌，如果只是为了钱将这个宝贵的品牌卖出去，实在有些可惜。于是，他就执着地做一颗"坚硬的石头"。

也许，优秀的人注定拥有执拗的个性。古希腊哲学家亚里士多德说过这样一句话："我们每一个人都是由自己一再重复的行为所铸造的，因而优秀并不是一种行为，而是一种习惯。"

每一个人都应该尝试着让自己变得更加优秀。其实，很多人都抱着让自己更加优秀的初衷，只不过在行走的途中，被太多外界的因素干扰、引诱，改变了最终的方向。优秀的人，是那些始终坚持着做自己，不受他人影响的人。他们心怀执念，始终朝着一个方向前行，并比别人更快地到达成功的终点。

创业多年以来，王卫始终在坚持着自己的理想。这也是他实现人生价值的一种方式。在这个过程中，每当与理想靠近一步，他都觉得自己的人生变得更充盈了一些。

恒心是成功的秘诀。有人不怕每天如一日地做同一件事情，通过辛苦地做事，得到源源不断的经验。这些经验累积到一定的程度，就会变成财富。这份财富不只包括金钱，更包括丰富的精神世界与内心深处的满足感。

有人不甘心每天重复同样的工作，总是能找出各种各样的借口来抱怨现有的生活。于是，生活变成了混日子，今天这里混一下，明天那里混一下，最终只能无所事事，劳而无功。

这山望着那山高，似乎是许多人都有的心态。他们永远看不见自己所处的环境有任何优势，总是徒劳地羡慕着别人拥有多少便利的条件。他们口中最常说的就是抱怨。他们将自己的一无所成归结成命运对自己的不公以及社会的冷酷和残忍。

有恒心的人与没有恒心的人，最终只能拥有悬殊的结局。似乎人人都知道"铁杵磨成针"的典故，也都知道"水滴石穿"的道理，可真正能够做到的人却寥寥无几。

当其他物流企业纷纷选择并购的大潮涌来之时，王卫的一颗恒心如同一根定海神针，让他牢牢地坚守在原地。他也曾想过，这样执着的结果，很有可能是将自己一手创办起来的企业逼入绝境。可如果不逼自己一次，怎么能让顺丰速运练就出更加强大的实力？

明知道路艰险，却偏偏勇往直前，这就是个性硬得如同石头一般的王卫的做派。他喜欢走难走的路，因为难走的道路两侧总是充满着勃勃生机。而且，这样的路总是最初看似难走，却总能越走越宽阔，越走越平坦。

每当与内部员工分享自己的创业经历时，王卫总是喜欢说这样一句话："人的成功离不开两样东西，一是运气，二是态度。一个人运气非常好，但是没有正确的态度，就好像中了彩票以后挥霍无度，很快就把钱花光了，又被打回原形。而有了运气再加态度，就好像中了彩票之后，积极地去拿这些钱去做好事，并做一些科学理性的投资，创造价值，才能够长远发展。"

成功分很多种，有一些是长久的成功，有一些只是暂时的成功，如同昙花一现。有人觉得，能否成功，究竟能成功多久，完全取决于运气。其实，决定成功长短的是人的态度。

王卫早就看出了这一点。他从不认为自己的成功是凭运气得来的。不过，他也从不否认，好运有时候的确是站在自己这一边的。因为努力，好运也愿意与他靠近。这并不是上天的什么恩赐，而是自己努力换来的结果。

他的个性的确倔强、执着。不过，了解王卫的人都知道，他也是一个喜欢分享、与人为善的人。王卫的朋友很多，并且其中绝大部分都是真正的朋友，而非表面友好的酒肉朋友。他的这些朋友也愿意与他分享自己的经验，并且愿意给予他各方面的帮助。王卫觉得，有了这些朋友的帮助和支持，自己就不会成为一个运气差的人。

无论处于多么困难的局面，王卫都不曾消极。他的热情与毅力似乎凝聚在骨子里，越是到了困境当中，越是能够迸发出来。

他总是告诫自己的员工，没有毅力的人，在生活与工作中会处处碰壁。这样的人大多不懂得与人相处，好运很难降临到他们的身上。当企业面对困境时，他总是用自己的积极来带动员工们的情绪。在困难面前，保持积极的态度，也是获得成功的决定性因素之一。

其实，创业者并不一定要有雄鹰般的勇猛，却一定要有蜗牛般的执着。"能登上金字塔顶端的动物只有两种，一种是雄鹰，另一种就是蜗牛。"这句话蕴含着无限的哲理。蜗牛是勤奋的，也是执着的。它从不想着绕近路，只是一点一点、老老实实地向着目的地攀登。

市场竞争是激烈的，市场环境变幻无穷，波涛暗涌。没有执着精神的人，一点点微不足道的风浪，就会让他产生退却的念头。唯有心怀执念，才能适应市场激烈的变化，从而生存下来，再一步步成为市场的王者。

执着是王卫的信仰，他就是凭借着执着的精神，让顺丰速运形成一股难得的凝聚力。每个员工的力量仿佛都凝结在一起，拧成一股绳，这才给企业的长远发展带来了十足的动力。

有人说，顺丰速运是一家有信仰的企业，顺丰人是一群最有信仰的员工。这是因为王卫本人就有着坚定的信仰，他将这种信仰打造成顺丰速运的企业文化，让每一个顺丰速递的员工都有和他一样的执着拼搏精神。

他曾经说过这样一番话："一棵大树，露在外面的树干和树冠能否真正经历暴风雪，还是取决于它深入土壤的根系是否扎实和健康。我相信，只有公司内部先做好了，只要我们内部对顺丰的企业文化形成一种信仰，那离外部对我们的信仰也就不远了。"

而王卫一直如此拼搏，并不是为了单纯地追求利益，因为他不喜欢将顺丰速运当做赚钱的工具，而是将创业的过程当做一种精神上的享受。他不愿加入任何企业家的小群体，是因为他将自己的事业当成一件超越了经济利益的艺术品。也正是这样一种精神，支撑着他、引领着他一路前行。

虽然在许多人看来，王卫是个很不合群的人，而他本人并不在意，反而很享受这种专注做事的感觉。这种专注不会让他觉得精神疲累，反而会让他的精神更加饱满，完全感受不到工作中的枯燥与烦闷。于是，他才能够在一次次的困境与发展中，迸发出超人的毅力和热情。

第三章
企业家的艺术气质

1."粽子模式"

有人说，商界是充斥着功利氛围的，唯有赚钱才是王道。然而，有些企业家却喜欢将经营企业当做一门艺术，将自己精心打造出来的企业当成一件饱含艺术价值的艺术品。

王卫算得上是一名喜爱艺术的企业家，如果能够看透顺丰速运所蕴含的艺术价值，也就等于看透了王卫的内心。

在经营企业的艺术当中，王卫有一个感触颇深的观点："开头没做好，接下来就是不断放大错误。"这个感悟来自于2009年诞生的"粽子模式"。

2009年的端午节，顺丰速运嘉兴分区的快递员如同往常一样，分别在各自的片区派送邮件。不过这一天，他们派送邮件的方式有些不同。以往，他们留下快递，由收件人签收之后，就会离开，而那一天，他们在收件人签字确认之后，并没有马上离去，而是向客户推销起了"五芳斋粽子"。

五芳斋粽子是远近闻名的品牌。在端午节，中国人都要吃粽子，但并不是每个人都能在端午节之前就把粽子购买好。于是，顺丰速运的快递员那一天就开展了上门送粽子的服务。对于许多还没来得及买粽子的人来说，这项服务刚好满足了他们的需求。

就这样，在2009年的端午节那天，顺丰速运的快递员一共帮五芳斋卖掉了价值100多万元的粽子。当然，顺丰速运也趁着这个机会，赚了一笔金额不小的"外快"。

这次推销粽子的成功，让王卫从中看到了新的商机。中国有很多传统节日，例如中秋节要吃月饼、元宵节要吃元宵、春节的时候要购买年货。如果能够抓住这些传统节日的商机，采用与推销粽子相同的手法，将节日的必需品推销给顾客，那么将会为企业带来一笔庞大的额外收入。

于是，每到中国的传统节假日，顺丰速运的快递员就拥有了双重身份，既是快递员，又是业务代表。其实，这只是顺丰速运的一次小小尝试。如果成功，就能为公司带来另一个利润的突破口；如果失败，对于公司也不会造成什么影响。

客户对于顺丰速运一向有着良好的印象，对于顺丰速运的快递员也仿佛有着天然的好感。因此，当快递员向客户推销商品的时候，他们并不排斥，很多人欣然接受。就这样，顺丰速运靠在节假日推销礼品竟然有了不错的销量。

而且，这并不是顾客们图一时新鲜才选择接受顺丰速运快递员的推销，他们甚至已经渐渐习惯，到了节日的时候等待顺丰速运的快递员来上门推销商品。这样，顾客不用自己出门去购买节日礼品，减少了许多麻烦。

销售节日礼品的成功，让王卫进而延伸出更长远的商业模式。他开始思考，除了这些节日礼品，还有什么产品可以卖。他相信，一定还有更多的产品适合顺丰速运的快递员来推销。

推销节日礼品的成功，也让王卫积累了更多经验。一年以后，也就是2010年8月，顺丰"E商圈"开业了。这是顺丰速运专门为顾客打造的健康生活购物网站，在"E商圈"的旗下，不仅包括各种中国传统节日的必备礼品，还包括数码、母婴产品、各地特产以及各种各样的商务礼品。

如此一来，王卫正式将"粽子模式"进行了无限放大。他不仅把这一模式搬到了网上，还同时启动了O2O模式，客户可以到便利店自提自取。

2010年12月，就在"E商圈"正式上线4个月之后，王卫自信满满地说了这样一番话："2011年我们会侧重发展电子商务。首先是要加深对电子商务的理解，如果不理解这个行业，出现断层的话，就很难有一个好的开始。开头没做好，那接下来不管你做什么，都是对错误的不断放大。所以我们前期一直在对资源进行有效整合。"

这样一番话足以证明王卫对"E商圈"有着绝对的信心。他确信，自己已经选择了一个正确的方向，这个方向可以让顺丰越走越顺、越走越远。而这个正确的方向，就是所谓的"将开头做好"。因为只有朝着正确的方向不断前行，才能离最终的目标越来越近。否则，只能像没头苍蝇一样四处乱撞，与最终的目标背道而驰。

真正的企业家，都十分看重对正确方向的判断。南辕北辙的故事人人都知道，那个故事中的主人公也许有一天真的可以到达他的目的地，可创业的路却不是圆的，一旦选择了错误的方向，无论如何也不可能再绕回终点。

不过，就在"E商圈"成立一年之后，王卫忽然发现，自己为顺丰选择的这条路的方向似乎并不正确。于是，他用最快的速度选择了暂停，没有让顺丰沿着错误的道路一直走下去。

渐渐地，被王卫及时叫停的"E商圈"淡出了公众的视线，到最后几乎销声匿迹。这次的错误方向，也让王卫摸索出了经验教训。倔强的他绝对不会在跌倒的地方原地不动，而是要从这里爬起来，找出一条能够走得通的路继续前行。

2011年的年末，王卫再一次为顺丰速运找到一个全新的方向。通过王卫控股的公司，顺丰取得了第三方支付牌照——顺丰宝。这就为王卫要走的下一步棋铺平了道路。

3个月后，一个名叫"尊礼会"的高端电子商务平台正式上线，这就是顺丰在继"E商圈"之后找到的又一个发展方向。在尊礼会中，顾客可以买到工艺摆件、保健品、茶烟酒、非物质文化遗产等各种各样的高端礼品。在支付方式上，顾客也可以自行选择网银、网点积分或者顺丰宝三种方式中的一种。

像上一次一样，王卫对尊礼会充满了信心。然而，通过一段时间的运营之后，他发现，自己为顺丰选择的方向再次出现了错误。

只要发现走错了路，就要及时停下来，思考正确的方向。于是，王卫再一次紧急叫停了尊礼会。

由"粽子模式"衍生出的两个项目纷纷夭折，王卫开始陷入思考，礼品市场究竟怎样才能做好？怎样将顺丰的优势与这个全新的发展方向结合起来呢？

他发现，顺丰速运的优势，一直以来体现在配送方面。他本以为，可以将线下的优势结合到线上，产生一种更加强化的竞争力模式，可没想到，"E商圈"和"尊礼会"竟然会接连无疾而终。可以说，在电商领域，王卫也遭受到一次不小的打击。

这两次在电商领域的失败，也让顺丰遭受了不小的亏损。不过，王卫并没有被亏损的数字吓倒。他觉得，遭遇失败是找准自己定位和核心竞争力的最好机会。对于别人来说，遭遇失败，就如同遭遇灾难。可是对于王卫来说，失败却是一笔不折不扣的财富，他必须将这笔财富好好地利用起来，用它来创造更多的财富。

其实，每一位成功的企业家在创业的过程中都遭遇过许多次的失败。不过，也正是这些失败背后所隐藏的机会，成就了这些企业家。成功的人，大多懂得这样一个道理，那就是隐藏在失败背后的机会，也许才是最好的机会。面对失败与挫折，他们都能保持平和的心态。在困难面前，他们坚强面对，充满勇气。无论暴风雨来得多么猛烈，他们都能保持淡定的微笑，张开双臂迎接。

从失败中走出来的王卫，对于什么叫做成功也有了更加清醒的认识。他觉得，从创业到现在，自己经历了一段异彩纷呈的人生。他的年龄并不算大，40岁，处于一个男人最好的年华。他还具备从失败中爬起来重新拼搏的能力，体验过失败的滋味，就更懂得如何去抓住机会。

很多时候，失败不过是成功披着的一件外衣。许多人看不透这一点，在遭遇失败之后就选择放弃。真正的勇者，敢于撕碎失败的外衣，之后立刻就能抓住成功的本质。

不经历失败的人，很难说自己拥有了真正的成功。王卫觉得，自己的成功是由许多次失败积累而成的。他相信，失败可以促进一个人思考与判断，并且能让人的头脑迅速运转起来，重新寻找一个能让自己走向成功的计划。多年的创业经验告诉他，一个人在经历了失败之后，再次拿出来的计划通常会比上一次更加完善，更容易成功。

没有任何一个人在一生当中不经历失败，如果真有这样的人，只能说明他是一个不敢尝试挑战的人。失败不是为了让人气馁，更不是为了让人一错再错。失败，是为了让人迅速找到成功的捷径，从失败中找出生机才是失败的真正价值。

王卫将自己经历的这几次失败，看成是经营企业过程中所收获的宝藏。他总结出，身为一家企业的管理者，除了应掌握企业运营和管理的基本知识以外，还应该具备更多的能力。

这个世界在不断地变化，每一个行业都在随着世界的变化而改变。身为一名企业管理者，如果不懂得及时学习新知识，为自己的头脑灌输新思想，很可能就在世界的飞速变化中被淘汰，他的企业自然也无法长久生存。

在世界变化之前能够预测世界变化的趋势，无疑是一名成功企业家所必须具备的能力与素质。在预测变化的同时，还能针对这一变化提前部署战略、制定决策，这样的企业家才能带领自己的企业走得更长、更远。

没有勇气的人，也许一生都不会经历失败，但他的一生平淡无奇，远没有波澜壮阔的人生精彩。王卫愿意拿出自己全部的勇气，去探索新鲜而又未知的事物，做出更多创新，来引领自己所从事的行业。

可以说，王卫是一名擅长为企业做决策的人。不过，任何一家企业，只有正确的决策是没用的，还需要强大的执行力，将正确的决策执行下去。顺丰速运的员工是一批具有强大执行力的员工，这背后少不了王卫的功劳，因为他拥有对决策实施的推进与把控能力，才让每一个正确决策尽快得到落实。

虽然在香港长大，但王卫对于国情却十分熟悉。这不仅因为他的根依然扎在祖国大陆，更因为他具备一名成功企业管理者应该具备的素质。只有了解国情，才能将自己的资源充分整合、利用起来。

对于物流快递市场的变化，王卫有着敏锐的直觉。他总是知道哪个市场更具备开发的潜力，并且针对每一个市场，都能给出具体的指导方案。之所以能够这样，是因为他清楚自己的目标是什么。为了实现这个目标，他也愿意一点一点地提升自己，并且不断地超越自己。

每当尝试一次创新，王卫都必须承担一次风险。他对于承担风险这件事似乎已经习以为常，在创造企业新局面这一点上，他总是有着极大的雄心和信心。他享受与风险抗衡的博弈，渴望机遇背后崭新的天地。这是他对人生自我价值的探寻，也是他带领企业发展壮大的魄力。

2.最有钱的工作狂

因为痴迷于工作,王卫经常被人称做"工作狂",再加上他的身份,在别人口中,他就成为"最有钱的工作狂"。

顺丰速运似乎是第一家采取计件工资制度的快递公司,这也保证了顺丰速运的快递员在同行业中拥有较高的收入水平。高收入带来的就是高质量的服务。因为是计件工资,快递员们都觉得是在为自己打工,只要勤奋,就能拥有高收入,因此他们会更加努力地工作。

王卫最聪明的地方就在于,他与快递员之间并不算是上下级的关系。对于快递员来说,王卫更像是一个给他们分配工作的人。

在顺丰速运工作的员工,无论从事何种工种,只要表现出色,都能得到不同程度的晋升。其中的一名管理人员,曾经在顺丰做过5年的司机,就是因为优秀的晋升机制,他拥有了成为管理人员的机会。

员工们都十分热爱自己所在的企业,因为顺丰是一家对员工负责的公司,既可以保证员工每个月的收入,又为他们的家属提供各项补贴和福利。对于有培养价值的员工,王卫会给他们创造学习的机会,再加上科学的内部晋升机制,许多基层的快递员都获得了晋升管理层的机会。

之所以被称为最有钱的工作狂，是因为王卫从创业初期就保持下来的习惯——几乎每天都要工作至少14个小时，还会定期到一线去收发快递。他时刻让自己保持着危机意识，从不会让自己与基层的工作脱节。

如果用一个词来形容王卫的为人，那"规矩"这个词就再好不过了，这也是顺丰速运的高管们给予他的评价。这是因为王卫有着很强的责任感，他办企业的根本目的并非为了赚钱，只是想要成就一番事业，做出一些成绩。

从创立顺丰速运以来，王卫一直坚持着专业化的发展环境。一些快递企业在其他利益的诱惑下纷纷转型，希望能赚一些快钱。王卫却始终在研究如何能让快递行业更加专业化、标准化地提高效率，如何让自己的客户得到更好的体验。也是因为他的专注，他在快递行业这条跑道上始终跑在最前沿。

虽然有极强的危机意识，可王卫绝对不会因要保住公司的利益而损害员工的利益。在金融危机的时候，许多企业都纷纷裁员，就是为了甩掉负担，保住公司，挺过难关。顺丰速运却没有裁掉任何一名员工，在王卫的心目中，顺丰速运的快递员永远是最可爱的人。

顺丰速运还给每一个快递员都配备了专业的装备。这项装备叫做"巴枪"，有着很酷的外形。如果不仔细看，黑色的巴枪有些类似PAD，只不过，打开巴枪之后，屏幕上会出现17项菜单。

从快递开始递送开始，巴枪就正式派上了用场。每个环节的工作人员都需要用巴枪扫描快递上的条形码，顾客就可以通过系统对快递的派送状况进行实时跟踪。同时，巴枪还具备结算运费和查询收派快件范围的功能。更有趣的是，巴枪竟然还可以用来拍照。

当时，国内几乎还没有任何一家快递公司使用巴枪进行邮件管理，只有外资快递公司才配备这种先进的设备。顺丰速运的巴枪是从韩国进口的，每台价值7000多元，每个巴枪的重量超过2公斤。

为了降低成本，王卫开始让顺丰的IT研发部门自己来研发巴枪的升级换代产品。果然，经过几次更新换代之后的巴枪更智能、更便捷，并且还将成本降到了3000多元。

在王卫的要求下，顺丰速运的规划部根据数学模型计算出不同客户数量与不同商业流通频率下的服务半径，就是为了保证快递员能在拿到快递的1小时之内，将快递送达所属区域的任何地点。

在顺丰速运内部，有"一小时交通圈"的概念，每一个顺丰速运派送点的配送范围，都要针对1小时这一配送时间来划分。除此之外，顺丰速运还保证在同一个电话区号范围内，所有快递都能在4小时之内送达。

曾经的顺丰速运不过是一家名不见经传的小快递公司，最初可能连快递公司都算不上，只能算是跑腿公司，如今却已经成为中国快递行业的龙头企业。二十多年来，顺丰速运始终在以冲刺的速度一路向前狂奔，这冲刺的背后，就是在王卫的带领下，每一个顺丰员工所付出的努力。

在员工心目中，王卫绝对是一名以身作则的企业管理者。从创立顺丰速运开始，他就每天和快递员们"混"在一起。他自己也是快递员的一员，每天风里来雨里去，背着大包，骑着摩托车，奔波在大街小巷。

天气不好的时候，王卫也时常会出一些意外，光是从摩托车上摔下来的次数就已经数不过来了。王卫的腿上直到现在还留着许多深浅不一的伤疤，这些伤疤见证了他多年来创业的艰辛。

不过，即便是伤痕累累，王卫也从未产生过退缩的想法。都说创业者是一定要具备"狼性"的，狼的精神就是不怕苦，不怕难，再危险也要向前冲。王卫就是一名具备"狼性"的管理者，他不仅不怕困难，甚至连死都不畏惧。越是恶劣的生存环境，他越是要拼命奋斗，让自己在困境中历练成一名强者，在残酷的市场竞争当中，全身心地投入到战斗中去，只要一息尚存，就绝对不会退却，直到胜利到来的那一刻。

每一个成功创业的人，依靠的绝对不是幸运。他们拥有的不是比别人更好的运气，而是比别人更坚定的毅力。在困难面前，他们总是能比别人坚持得更久，也比别人更有耐心。他们可以忍受任何艰难困苦，执着地等待成功的到来。如果硬要说这其中有运气的因素，只能说明，上天也愿意眷顾有毅力的人。

王卫是一个有着"狼性"的企业首领，他的手下则是一群像狼一样懂得团结协作的员工。他们有强大的执行力，在执行王卫下达的决策时能够做到雷厉风行、说到做到。这是身为快递物流企业应该具备的素质，二十几年来，顺丰速运一直将这一素质保持了下来，因此在遇到比自己强大的竞争对手时，依然能够以绝对的优势胜出。

在商场上，谁也不能保证永远坐在第一把交椅上。强大的竞争对手随时有可能出现，如果不时刻保持着竞争精神，将会让自己处于险境。

在竞争激烈的市场环境当中，工作也类似于战争。只有让企业的每一个成员都成为具有战斗力的个体，才能让企业在市场竞争中不被淘汰。

有人说，只有执着的人，才会取得事业上的成功，这句话放在王卫身上的确有一些道理。他不仅对事业执着，甚至有些偏执。他可以疯狂地将自己的整个身心都投入到工作当中，有时候甚至因太专注于工作而忘记了一切。

顺丰速运是王卫热爱的事业，他愿意将自己的大部分精力和时间都放在工作当中。只要工作起来，他似乎总有使不完的劲，因为专注，也总是能取得比较好的工作成果。他就是凭着这份对于工作的疯狂热爱，一步一步将顺丰速运从一家小小的快递站，经营成中国快递行业首屈一指的企业。

在创建顺丰速运初期，王卫也是众多快递员中的一分子。每天早上，其他快递员还没有开始工作的时候，王卫的身影就已经出现在快递站点。每天早上6点是顺丰速运的快递员拆包的时间，王卫总是准时出现，从来没有迟到过。

拆包之后，王卫就像每一个快递员一样，骑上摩托，开始一天的派件工作。在王卫心目中，他不是什么大企业的老板，依然还像当年一样，是一名普通的快递员。

有时候，王卫的身影会突然出现在顺丰速运的某个快递站点，然后十分娴熟地整理邮件，再用巴枪扫描每一件快递上面的条形码，仿佛这就是他每天都在从事的工作一般。

早在2013年，在福布斯中国富豪排行榜上，王卫就已经位列第22位。当时他的身价是237.9亿元，可以说这是一份巨额财富。然而，在熟悉王卫的人心目中，他还是那个"最有钱的工作狂"。

其实，直到现在，他依然还像创业初期那样，每天至少工作十几个小时。然而，他毕竟不再是二十多年前那个精力十足的小伙子，岁月不会轻易饶过任何一个人，王卫也已步入中年。因为长时间地工作，他看上去有些憔悴。为了补充体力，王卫甚至一面喝着中药，一面拼命工作，就是没办法把二十多年来养成的工作习惯改掉。

许多人都不理解，王卫已经取得了今天的成就，为什么还要如此拼命地工作。的确，人到中年，应该把身体放在第一位。许多大企业的创始人已经学会了渐渐放掉一部分工作，让自己轻松起来。只有王卫，顶着富豪的头衔，依然是一个"不要命"的工作狂。

可是，对于王卫来说，平淡的活着根本不叫生活。他从不觉得自己有多累，虽然现在的生活已经过得很好，但他依然觉得努力工作能让自己的生活更有奔头。

他曾经说过，创业不是为了改善生活，而是为了实现梦想。顺丰速运已经有了如今的规模，王卫的梦想也几乎实现了，但他还是愿意享受工作带来的乐趣。这是一种将生活牢牢地掌握在手中的快乐。

王卫不喜欢顺其自然，更不喜欢听天由命，安于现状不符合他的个性。人人都在追求平静的生活，他却偏偏喜欢让自己牵着生活。对于他来说，每天忙碌地工作才能感到心满意足。尤其是当风险出现的时候，王卫反而更加兴奋。

他是一个愿意冒着风险向前冲的人，这样能够让他觉得自己的人生更有价值。他的心中始终有一个坚定而又明确的目标，就像黑夜里的大海中那一盏明亮的灯塔，指引着他朝着目标一路前行。不达目的，他坚决不会罢休。

对于王卫来说，心中的目标不止一个。当一个目标达到之后，他很快就会为自己确立下一个更高的目标。他就像一名登山爱好者，不断地挑战更高的山峰，也一次又一次感受登顶之后的乐趣。

这样的人生，无疑是最有成就感的人生。从创业到现在，王卫曾经经历过许多次市场的艰难时期，他却能将艰难当做动力，每一次都以一种拼命的精神迎难而上。

王卫进入快递市场时，已经有许多快递企业有了一定的规模，在当时比顺丰速运更加强大。王卫却没有被强大的竞争对手吓倒，他敢于参与竞争，并且懂得利用竞争对手带来的压力来激励自己。

其实，战胜竞争对手，并不是王卫最高的追求。他只是喜欢这种不断尝试、不断努力的过程。这样的爱好也就转化成对工作的热爱。从工作当中，王卫一次又一次地品尝着胜利的喜悦。

冒险是王卫人生中最大的乐趣。当年送快递时，王卫总是骑着摩托飞速地穿梭在大街小巷。速度提高了，自然可以减少送货的时间，然而危险系数却开始上升。可就是凭借着这股冒险精神，顺丰才能取得如今的成功。

其实，对于任何人来说创业都是一件冒险的事情，并不是每一个人都能创业成功。每年有无数人选择创业，也有无数的企业在经历了连番失败之后无奈关闭。真正的成功者在创业人群中只占很少的比例。机会永远与危险同在，只有具备拼命精神、有胆识的人，才能距离成功无限接近。

有魄力的人，不会被他人的意见所左右。即便是许多人都不看好的事情，只要王卫认定可以，就会毫无犹豫地立即去做。想要玩转市场经济，就必须具备竞争与冒险的精神。

不过，只要竞争，就注定有成功、有失败。创业不是一劳永逸的事情，这是王卫从创业之初就已经认定的现实。因为知道创业艰难，所以才要疯狂地工作。他用这种疯狂的精神让困难在自己的面前节节败退。

如果让自己停下来，王卫觉得这个世界会渐渐将自己淘汰。他曾经用行动改变了自己的命运，比别人更加知道，内心的任何恐惧都是可以用行动来打败的。

成功的确需要机遇，却也不能完全依靠机遇。熟悉王卫的人都知道，他是一个理智的人，从不将自己的生活寄托在运气上。不冒进，不轻率，看准机遇就毫不犹豫地抓住，这就是王卫多年来的经营理念。

他总是告诉自己的员工，无论是对待工作还是生活，必须要有责任心。如今，在顺丰速运，责任已经成为他们义不容辞的使命。二十多年来，王卫已经将自己拼命工作的精神与责任心灌输到每一个员工的头脑之中，因此才保住了顺丰速运作为中国快递物流行业龙头老大的位置，且一直都未曾被任何一家公司动摇过。这，也是王卫为自己设立的目标之一。

3.一腔热血

男人，总少不了一腔热血。在胸腔里澎湃激昂的血液，能激发出远大的抱负，也激励着一个人为了实现自己的抱负而去四处闯荡。

无论做人与做事，都不能少了一股冲劲。就像当初创立顺丰速运时，王卫的确是凭借着一腔热血，心无旁骛地一头扎进快递行业的洪流当中。

创立顺丰速运那一年，王卫刚刚 22 岁。许多大学生在这个年纪还没有走出校园，王卫就已经骑着摩托穿梭在大街小巷，与快递员一起过着送快递的生活。25 岁那一年，顺丰速运就已经初具规模。可以说，是顺丰速运让王卫赚到了人生的第一桶金。不过，他并没有像许多创业者那样，有钱之后立刻就变成"土豪"。

"土豪"还算是比较委婉的说法，更难听的说法叫做"暴发户"。王卫承认，自己在刚刚尝到创业的甜头时，也的确有些流露出暴发户的做派。这是因为王卫穷过，他知道穷人的生活不好过。刚刚来到香港时，他父母的学历不被承认，曾经是大学教授的他们，只能在香港做工人，赚最微薄的工资。因此，王卫的童年与少年，是在贫穷与被歧视中度过的。

因此，一下子成为有钱人的感觉一度让王卫觉得自己有了目空一切的资格。那时的他，太渴望被这个世界认可，更希望全世界都知道，他再也不是从前那个穷小子，已经步入有钱人的阵营。

这种飘飘然的感觉让王卫找回了自信。很快他就意识到，这种所谓的成就感，不过如同浮云般飘渺，让他找不到脚踏实地的感觉。

王卫本身就不是一个浮夸与张扬的人。过了一段短暂的虚荣日子之后，随着顺丰速运的生意不断迈上新台阶，王卫的眼界与心胸变得更加开阔。他意识到，自己取得的这一点点成就，根本就算不上骄傲的资本。

与此同时，王卫的太太也时不时地向他泼一盆冷水。她不希望王卫因为这一点成就就得意忘形，而是希望他能时刻保持清醒和冷静。

也是在这个时候，王卫与佛法结缘。佛法倡导人积德、向善，佛法中宣扬的善念净化了他一度浮华的心灵。他立刻把佛法当成自己的精神寄托，从此，他的个性也变得更加平稳和澄净。

佛法让王卫慢慢平静下来，关于中国的教义与典故让他知道世间的人与事都是因果循环与因果报应的关系。如同醍醐灌顶般，他一下子领悟到许多以前从来都没有思考过的东西。

佛法中认为，一个人一生的成就与际遇，与前生积下来的福报息息相关。其实，人根本没有办法掌控自己权力的大小或是财富的多少。就像一个人永远都没有办法决定自己的性别、容貌、父母、家庭背景，更无法控制天气的好坏，以及自己这一生要经历多少次失败与成功。

可以说，人生中有99%的东西，都是无法凭借人的力量掌控的。最好的结果，就是你可以控制生命中那百分之一的东西。那么，你就要将这百分之一好好地利用起来。

在王卫看来，这能够被自己控制的百分之一，其实就是做事情的态度，也就是所谓的积极或者消极，以及在对人、对事时，是心怀善念还是邪念。

人世间的许多事情都没有绝对的对与错，但是积极与消极、善念与邪念却有着明确的区分。积极与善念是绝对正确的选择。如果在人生之初做出最正确的选择，这百分之一的可控因素，也许就会无限扩大，最终弥补一个人其他方面的不足。

自从相信这一点，王卫就觉得，自己在事业上取得的一些成功，都是自己前生积攒下来的一些善念的结果。于是，在做事情的时候，王卫甚至觉得自己做的不是事情本身，也不觉得自己多么有本事，而是认为这是天时、地利、人和集合到一起的一个福报。

人生中有太多的偶然。一次偶然的相逢，也许会让一对陌生的男女成为恋人，并最终步入婚姻的殿堂；一次偶然的小小成功，可能会让一个默默无闻的人一下子变成知名人士，并从此拥有自己的事业、名誉和地位；一次偶然的中奖，可能会让一个穷光蛋变成百万富翁……

可是，信奉佛法的王卫却不相信什么偶然。他坚信，每一个"偶然"，都是所有的因果集中到一起后产生的反应。所谓的偶然，其实就是必然。

因此，他下定决心要把顺丰经营得更好，把很多看似偶然的不确定因素都变成必然。

对于事业的一腔热血，王卫依然保留着，信仰佛法只是浇灭了他心中那团急躁的火，并没有让他丧失创业的热情。

佛法的宗旨是帮助世人"正知、正念、正行"。这些道理对于大多数人来说显得有些虚幻，是形而上的东西。但是，只要静下心来去品味，去接受，就会发现自己慢慢拥有了更多的正念，人生观与价值观都变得更加积极。

不喜欢多说话的王卫，如今无论走到哪里，都喜欢将佛法的善念通过自己的一言一行传播开来。他觉得传播善念比将钱财施舍给他人的功德更大。他将这份善念也带入自己经营企业的理念当中，可以说，顺丰速运的企业文化就是包含着善念的。

每一家企业，都会面临员工离职的问题。王卫觉得，如果一个员工在某个企业里只待了很短的时间就选择走掉，原因其实很简单，无非就是两点：一点是这位员工在公司里遭受了不公平待遇；另一点就是他觉得这家公司不能满足他在物质方面或是职业发展方面的需求。

在王卫看来，许多公司完全可以满足员工的需求，然而还是有许多员工最终选择了离开。这其中的原因，就是企业并不知道员工真正想要的是什么，而不是不能满足员工的需求。

这种对员工的不了解，比无法满足员工更加可怕。如果一个公司连人都留不住，还谈什么企业文化，谈什么公司未来的发展？这样一来，公司永远都在培养新人，刚刚培养好，员工就离职了，再招进来的员工还要从头培养。这就是一个恶性循环，永远也无法让一个公司朝好的方向发展。

王卫把经营公司比喻成培养孩子。他也是两个孩子的父亲，在孩子很小的时候，他就教育孩子们要爱自己的爸爸妈妈，还要好好学习，长大做个有用的人。不过，孩子在小的时候，根本无法理解这些道理。等到他们稍微长大一些，又进入了青春期，根本不愿意去接受这些道理。

这个时候，身为父母，心态就显得尤为重要，对于孩子的反叛心理，不能表现出丝毫的不耐烦。他在孩子面前总是十分有耐心，愿意付出自己所有的关心与包容。王卫坚信，等到孩子再长大一些，慢慢成熟之后，就会明白家庭有多温暖。如果等到孩子们结了婚，有了孩子，就会理解他们的父母有多么伟大。

之所以明白这样的道理，那是因为王卫也经历过这样的过程。于是，在看待公司的成长时，他也会像看待孩子的成长一样。每一个新入职的员工，都被王卫当成刚刚降生的孩子。他愿意用顺丰速运的企业文化对他们从头进行培养，再通过公司制度、培训、激励等方式方法，让他们成为顺丰大家庭中的一员。

真正优秀的企业，是让员工能够体会到归属感的企业。在这样的团体里面，员工会找到荣誉感，也会将自己的荣誉与企业的荣誉联系在一起，看做一个整体。

不过，对于不同的员工，王卫会采用不同的培养方式。不同的时期，他也会对培养员工的方式进行不同的调整。在顺丰速运，针对不同年龄段的员工，讲话的内容都不太一样。他不喜欢和年轻人讲大道理，因为他们太年轻，根本听不进去，如果大道理讲多了，可能还会激起他们的反叛心理。

信仰佛法，让王卫学会了换位思考。对待别人时，他总会先想一想，如果自己是对方，会希望怎样被对待。在面对年轻员工时，王卫也会努力回忆自己的年轻时代，考虑一下，如果换做当年的自己，此时此刻会想什么、会喜欢什么、会讨厌什么。

当从自己的心中找到答案后，他就会知道该怎样去对待年轻的员工，该和他们说什么样的话，用什么语气说话。

现在的"八零后"与"九零后"是崇尚个性的一代。他们最讨厌对方以高高在上的姿态与自己说话，更不喜欢自己被命令、被指挥。因此，在与年轻员工打交道时，王卫总是刻意避免这样做。他希望员工们将自己当成平辈人，忘掉他是顺丰的老板。

当然，在面对公司中不同级别的员工时，王卫也会采取不一样的沟通方式。普通员工与管理层之间，在思维与需求方面，一定存在着或多或少的差异，因此想要取得最佳的沟通效果，就必须采取最恰当的沟通方式。

王卫曾说："对待公司高层要以什么样的方式，对待刚进公司一年的同事要采取什么样的方式，对待服务公司超过十年的老员工要以什么样的方式……不同级别、不同年龄、不同工龄，甚至不同性别都有不同的应对之策。在这里千万不要采取所谓的以不变应万变,眉毛胡子一把抓,工作必须做细,方式方法必须系统科学。"

面对市场的变化,王卫总是能够以最快的速度做出反应。在应对市场变化的策略方面,他总是能随时提出无数种方案,但是在顺丰速运的企业文化方面,他愿意以不变应万变,始终以善念作为企业文化的核心内容。

无论是朋友,还是事业上的合作伙伴,王卫最看重的就是对方的个人修养,也就是对方的品德。如今是一个人心浮躁的年代,许多人都在追求金钱、利益、地位,并把这些当做炫耀的资本,却忘记了,如果个人修养不够好,哪怕有再多值得炫耀的东西,也不会被人高看一眼。

权力与金钱,都无法提高一个人的个人修养。一个人的品德,根本无法建立在金钱与权力的基础之上。唯一能够决定一个人修养高低的,就是他对道德的态度。品德好的人,才值得别人去羡慕。人们愿意和这样的人亲近,也会对他产生尊敬之心。

经商多年,王卫也接触到形形色色的人。他看到了太多喜欢在穷人面前炫富的人,也看到了太多在平民百姓面前炫耀权力的人。这样的人,王卫最瞧不起。他觉得,财富与权力只有在产生正面效用的事情面前才真正有意义。

王卫一直在努力提高自己的个人修养,这也是因为他希望自己能够成为一个被别人尊重的人。不过,被别人尊重的前提,首先是要学会尊重别人。不仅要尊重对方个人,还要尊重他的生活环境,也要尊重他的生活方式，更要尊重他的信仰。

品德不是一朝一夕就能培养出来的东西。这需要长时间的修养，在潜移默化中让自己变得更好。对于尊重，王卫有自己的理解，尤其是在对待从事服务行业的人时，王卫希望为他提供服务的人，能够因服务了他而感到开心。

因此，每次去饭店吃饭，王卫总是会和遇到的每一个工作人员打招呼。他用真诚对待每一个人，自然也能获得每一个人的尊重。对于服务人员，王卫总是尽量表现得有礼貌，他觉得这就是对别人表达尊重的一种方式。如果一个人对服务人员连起码的尊重都没有，认为人家低自己一等，对人家呼来喝去，永远也不可能获得任何人的尊重。

王卫自认为是一个危机意识很重的人。这种危机意识驱使着他去不断尝试一些创新的东西。关于未来，王卫并不敢保证是什么样子。为了适应未来的变化，他必须提前采取行动，而不是等到穷得身无分文的时候再去考虑变化。

他希望趁着现在还有尝试新鲜事物的资本，抓住任何尝试与试错的机会。哪怕是尝试了十件事情，只有一件事情取得了成功，那也是值得的，也能够在危机降临的时候，帮助公司规避风险。

虽然生性低调，但王卫却是一个十足的乐天派。对于生活与事业，他总是表现出最积极的态度。他愿意去尝试新鲜事物，也愿意为此去学习。他觉得，敢于接受变化，才能更好地应对危机。

机会不会留给犹豫不决的人，如果想做一件事，就应该马上去行动。尝试新鲜事物的过程不可能不犯一点错误，如果一个人担心犯错误而不愿意去尝试任何改变，就不适合成为一名创业者。

这是一个飞速发展的时代，任何一个不愿意尝试改变的人，都会被这个时代抛弃。其实，王卫觉得自己并不是一个多么有能力的人。但是，他愿意积极去努力，不断去提高自己的能力。

从创立顺丰速运到现在，已经过去了20多年。这段时间里，王卫经历了无数次改变，从身材到内心，都在不断地变化。有人觉得，顺丰速运能够发展成如今的规模，是因为有其他大企业CEO的帮助。不过，这只是别人的无端猜测，如果真的有这样好的事情，王卫早就乐得清闲，做一个甩手掌柜了。

20多年来，王卫就像培养一个孩子一样，辛苦管理顺丰速运。公司的每一个细节，都是王卫亲自操刀完成的。在经营公司方面，他把自己当成一个学生，边看边学，再将所学到的东西用到自己的公司当中，不知不觉间，他自己的经营管理能力也得到了提升。

王卫觉得，如果总是想要做好一切准备再开始做一件事情，这件事情也许永远都无法开始。无论做任何事情，最重要的是，你是否具备做这件事情的能力。在做事情的过程中，你可以边看边学，边错边改，慢慢地就会找到将这件事情做成的方法。

没有任何一个计划能够在事情开始之前就堪称完美。看似天衣无缝的计划，也许在实际操作的过程中会遇到诸多问题。因此，追求一次成功，不是一名企业管理者应该具备的态度。身为一名企业管理者，应该具备敏锐的嗅觉以及快速纠错的能力。

有人觉得，作为快递行业，一定离互联网十分遥远。可王卫并不这样觉得。如今是一个用互联网思维去思考的时代，产品的更新换代非常快，有时候一个月之内就会进行几次更新，就是为了让产品更加完善。做企业也是如此，即便是快递企业，也不能一成不变。针对市场的变化，企业自身也要不断随之改变，否则，属于这家企业的时代很快就会过去。

王卫希望，在未来可以用快递改变生活。这个世界在不断地进步，快递的力量也不容小觑。他坚信，快递具备改变世界的能力，顺丰速运也可以拥有改变世界的力量。

未来的快递行业，应该是更加智能化、信息化的行业。科技的发展，在促进着各行各业的成长，快递行业也在科技力量的促使下不断升级。

一直以来，快递行业更像是一个纯体力行业，王卫希望这不是快递行业永远的状态。他想要通过对运营模式的改变，让快递行业渐渐从体力劳动行业转变为脑力劳动行业。这是王卫被快递行业催生出来的使命感，他希望，快递行业同样可以改变人们的生活，让更多的人感觉到幸福，感受到快递行业创造出来的价值。

第四章
世界上的能量是一个平衡系统

1.拒绝并购

成功与失败之间有时候只差那么一点坚持。你以为成功距离自己遥遥无期,殊不知,只要再坚持向前迈进一小步,就能触碰到那根隐形的终点线,成为自己人生的冠军。

对于创业这件事,王卫一直是心怀执念的。他似乎从未思考过成功距离自己究竟还有多远,即便面对困难,他仍然会执拗地坚守着方向,迈向自己的目标。

王卫承认自己天生有一股"轴"劲,这股劲头让他面对想要收购顺丰的人时,也执拗地不肯松口。许多快递"大佬"看中了顺丰速运的发展势头,几次向王卫提出了想要收购顺丰速运的想法。然而,每一个想要收购顺丰速运的企业,都在王卫这里碰了钉子。其中最著名的,就是王卫拒绝被宅急送收购的例子:

在王卫创办顺丰速运一年之后,一家名叫"北京双臣快运"的快递公司诞生了,这家公司就是"宅急送"的前身。它的创办者是北京的陈氏三兄弟——陈显宝、陈东升、陈平。他们创办的这家快递公司,在中国的民营快递史上,起到了举足轻重的作用,那是1994年，当时快递公司对客户提供的服务还并不完善，这家新诞生的快递公司率先开启了包裹门对门的服务。

在那个时候，中国先后崛起了许多家快递公司，当时快递公司兴起的态势简直可以用"野蛮生长"来形容。不过，几乎所有快递公司只能占领所在的当地市场，因为中国的快递行业正处于发展初期，没有任何一家快递公司具备独占全国市场的能力。

稍有头脑的商人都能看出中国的快递市场是一块巨大的蛋糕。当时，邮政的EMS占领了快递行业的高端市场，而个人快递业务市场还暂时处于空白状态。因此，顺丰速运与宅急送等一批民营企业就成为中国第一批快递企业。尤其是顺丰速运和宅急送，都蓄势待发，等待着一个为快递行业带来巨大发展的时机。

2003年，这个时机终于被它们等到了。中国的电子商务行业迅速崛起，在网络上购物的人越来越多，民营快递公司一下子迎来了属于它们的春天。一时间，顺丰速运和宅急送的名字分别成为南方和北方快递的代表。

2007年几乎可以被称为宅急送的巅峰之年。那一年，宅急送的营业额一度达到13亿元，这个金额足以将其推送到中国快递行业龙头老大的位置。也是在这一年，创办宅急送的陈氏三兄弟萌生了独占全国快递市场的想法。而独占市场的第一步，就是要收购顺丰速运，他们派出了兄弟之一——陈平，由他南下前往深圳，与王卫面谈收购顺丰速运的事宜。

陈平看来，整个中国的快递市场如同一个巨大的棋盘，他有信心在这个棋盘上摆出一盘稳赢的棋局。陈平相信，在电子商务行业的带动下，中国的小件快递在未来会呈现爆发的态势。为了迎接这个美好的局面，他必须要对宅急送进行一番大刀阔斧的改革，将宅急送的业务重点放在零散小件业务上。

收购顺丰速运，就是为了打通全国市场，让宅急送坐稳快递行业的第一把交椅。不过，让陈平没有想到的是，"轴人"王卫竟然无论如何都不愿意接受宅急送的收购。

虽然没能收购顺丰速运，宅急送还是开始大面积铺设网点，并且对每个网点增派人手。可惜，早期的电子商务 C2C 市场并没有陈平预料得那么火爆，小件快递的业务量十分有限。与此同时，宅急送的融资出现了失败，原本的上市计划也没能实施。这一连串的状况，导致宅急送的创始人之间出现了隔阂。陈平率先退出了宅急送，至此，宅急送的发展也陷入了僵局。

如果当时王卫同意将顺丰速运并购给宅急送，也许顺丰速运也会随着宅急送的没落而销声匿迹。好在，他凭借自己的一股轴劲，挺过了快递行业最难过的岁月。做到"坚持"两个字并不容易，但也正是这份实属不易的坚持为王卫和顺丰速运带来了好运。

2008 年，顺丰速运终于成为一家完全自营的民营快递公司。在王卫的努力下，顺丰速运的口碑越做越好。这也是多年累积的结果。

其实，早在宅急送之前，就已经有人看好了顺丰速运的发展，想要从中分一杯羹。最初看好顺丰速运的是海外的私募股权投资机构，当时还是20世纪90年代初期，那些投资机构凭借敏锐的商业嗅觉，想要找到王卫洽谈投资事项。可是，执拗的王卫和投资人玩起了"捉迷藏"，任何一个投资人都没能见到他的面。

无论对谁，王卫始终保持着神秘的姿态，低调地做着顺丰速运背后的掌舵人。他不愿与这些人见面，就是不愿意将时间浪费在没有意义的事情上面。因为无论他们用怎样的方式劝说，王卫都不可能放弃顺丰速运，因为这对于他来说，不仅是一个企业，更是一个燃烧的理想。

无独有偶，1995年，国际快递巨头TNT找到了王卫。TNT是一家总部设在荷兰的快递和邮政服务提供商。当时，TNT在全球的快递行业都属于领先地位。这家成立于1946年的公司，其国际网络已经覆盖了200多个国家，能够提供一系列独一无二的全球整合性物流解决方案。同时，TNT还为澳大利亚、欧洲、亚洲的许多主要国家提供业界领先的全国范围快递服务。

早在1988年，TNT就已经进入中国市场，服务范围覆盖了几百个中国城市。在快递行业里，TNT的分拣中心和设备资源都是非常丰富的。这一次，他们找到王卫的目的，就是想要洽谈TNT收购顺丰速运的事情。

对于TNT的收购请求，王卫再一次断然拒绝，国际快递行业的巨头在他这里碰了一鼻子灰。不过，王卫并没有过上太久安生日子，总是有一些野心勃勃的企业，不愿意在他的固执面前"认命"。2003年，联邦快递也看好顺丰速运。他们提出收购顺丰速运的想法，并且开出了五六十亿元的高价。在当时，顺丰速运每年的利润最高也只有十几亿，但是王卫依然没有被联邦快递开出的高价诱惑，还是坚持要亲自来抚养顺丰速运这个"孩子"。

一连拒绝了多家大型快递企业的收购请求，说明王卫是个十分有勇气的创业者，他能够抵挡住利益的诱惑，更有决战未来的信心。其实许多创业者在最初都曾经信心满满，做到一半才发现自己选择了一条遍布荆棘的道路。到了这个时候，接受并购反而可以带他们走上一条康庄大道。如果执意要在荆棘小路上走下去，也不能保证一定会走向成功的终点。

王卫却偏偏选择要倔强地在荆棘小路上一直走下去。除了因为他天生有一股轴劲外，更因为他能够看到顺丰速运未来的发展潜力。他相信顺丰速运一定能在激烈的市场竞争当中赢得最终的胜利。

凭着一步步的努力，顺丰发展得越来越快，如今的顺丰速运已经进入高科技配送的时代。快递员从拿到快递，一直到送到客户手中的过程，全程都可以实现跟踪、监控。实现这些科技手段，紧随而来的必然是成本的攀升。因此，一些投资人才说，即使给某些快递公司注入30亿元人民币，都未必能砸出一个新的顺丰来。

顺丰速运的发展，自然和王卫的个性息息相关。他似乎永远不惧怕任何挫折，无论面对多艰难的处境，总是能咬牙坚持下来。当无数个快递公司迅速崛起，中国的快递市场形成"狼多肉少"的局面，顺丰速运还是能一次次地渡过危机，突出重围，坐稳中国快递行业的头把交椅。也正是这一路的坚持，他才获得时代的认可，才赢得一份令人瞩目的事业，足以见得他的远见卓识。

身为创业者，只有具备长远的眼光、宽广的胸怀、深厚的实力，才具备走向成功的可能。从创立顺丰速运的第一天起，王卫就已经把目光放在了遥远的未来。为了迎接这个未来，他隐忍多年，执着多年，凭借着一股轴劲和一股大志向，才有了顺丰速运今天在快递行业中的地位。

所谓远见，就是"心中浮现的将来的事物可能或者应该是什么样子的图画"。其实，在最初创业的时候，王卫并没有奢望一下子就能获得多少利润，而是希望这家小小的快递公司在日后能有更大的发展，给人们的生活带来改变。他是一个想要踏踏实实做企业的人，并不是想赚一笔钱就换个行业的投机者。

因此，20多年来，这个时代发生了无数翻天覆地的变化，而顺丰速运却没有被这些变化搞得惊慌失措、无所适从。因为王卫早已经用自己的远见，为顺丰速运牢牢地扎稳了根基。

2.在适当的时候慢下来

在这个飞速发展的时代，经济仿佛都成为一种"速食品"。做企业的人，不断地追求着企业的发展速度，但只有速度是不够的，企业发展需要综合各项能力协调前进，一味地贪图快速，会在不知不觉中降低质量。

在顺丰速运这艘巨轮上，王卫就是掌舵人，是那个负责把控方向与行驶速度的人。顺丰速运从成立开始，每年的利润都在迅速地增长，到后来，每年的利润甚至可以用"巨额"来形容。然而，如此快速的利润增长速度并没有让王卫狂喜，反而让他陷入忧虑。而他忧虑的事情，就是企业的发展速度太快了。

网购，如今几乎已经成为人们最重要的生活方式之一。网购频率加快，随之而来的就是对快递需求量的增加。受网购的影响，各大快递公司的业务量也在不断攀升。尤其是节假日，更是网购的高峰期，各大快递公司都在高兴能够获得更多订单量、赚取更多利润的同时，开始担心过多的订单量会为派送带来困难。

快递公司的人手毕竟有限，货物的陡然增多必然会导致运送速度的缓慢，同时也会导致派送速度的缓慢。有些货物从客户下单到拿到手中，中间要经历一段漫长的时间，这也会导致客户与快递公司之间的纠纷。如此一来，一些快递公司在客户中的口碑就会变差，客户对快递公司的投诉也会越来越多。有很多快递公司忙着赚钱，忽略了对客户的服务，因此客户在网购时，会特意不选择这些快递公司，最终会导致快递公司的订单量不断减少。

王卫早就看出了这一点，因此顺丰速运尤为注重客户服务质量。为了提升对客户服务的质量，顺丰速运对每日的订单量进行了严格的限制。王卫觉得，如果一味地追求订单量的增加，会导致没有足够的时间做好业务。快递员也会因为订单量增多，一味地追求快速，从而忽视服务质量。

顺丰速运对于快递订单量的要求，是维持在一个平衡的量上。因此，想要更好地服务于客户，就要适当地降低订单数量。

让顺丰速运的发展慢下来，源于王卫在2013年做出的一个决定。当时，他希望顺丰速递能够完成一次从量到质的转型，因此才产生了这个大胆的想法。当时，不仅顺丰速运的员工无法理解王卫的做法，就连许多快递企业的老板都觉得他的想法有些疯狂。做企业求的就是发展，发展速度快当然是好事。因此在他们看来，王卫的想法太不合常理，有谁会希望自己的企业发展得比别人慢？

王卫却说："顺丰之前一直都是片面地追求一个'快'字，当然，也赢得了一些客户的认可，获取了一定的市场份额。但是进入2012年，我明显地感觉到，我们的一些产品和服务在市场上不是那么好卖了。你关起门来觉得自己的服务好是没有用的，好的服务应该卖得很好才对。但现在的情况是，顺丰在市场上有点叫好不叫座的感觉。为什么会出现这种情况呢？因为市场开始出现了变化，人们的消费习惯也开始改变了。如果我们的产品自己觉得很好，客户也感觉好，但人家就是不用你，那么我们很快就会被市场边缘化，最终被市场淘汰。"

2013年8月1日，顺丰速运推出了低价"慢递"产品。王卫选择此时让顺丰慢下来，既是一种未雨绸缪的做法，也是在市场大环境下的顺势而为。

顺丰速运的低价"慢递"产品，主要是针对电子商务市场。不过，许多快递公司都曾经做出这样的结论："做电子商务是找死，不做电子商务是等死。"民营快递企业的成本压力在不断增加，于是纷纷决定提价。同时，许多电子商务公司都开始自建物流系统，并且物流速度在不断提升。王卫当时的决定，看似在和同行们"逆向行驶"，这也让同行们十分不解。

顺丰速运当时推出的"慢递"产品叫做"四日件"，这种产品不走原有的空运路线，而是改为全程陆地运输。这样做的结果，就是降低了快递的成本，首重的价格比空运低了4元钱，续重价格也仅为首重价格的一半。如果邮寄的产品超过2公斤，快递费就与其他快递公司的价格持平，甚至还要略低一些。不过，在寄送速度上，则比空运速度慢一些，从全国2—3日到达降低为4—5日到达。

这个产品的出现，足以证明顺丰速运的服务也开始向电子商务靠拢，而不再像从前那样与电子商务公司保持距离。顺丰速运快递费的下降，让更多的客户多了一种选择。与此同时，销售高价值产品的电子商务公司依然可以选择顺丰速运的服务。

可以说，王卫的这一举动让一直"高高在上"的顺丰速运"落了地"，因为价格亲民，顺丰速运也更加受到普通客户的青睐。像高档化妆品、3C类产品、酒类、奶粉、茶叶等这些产品，原本就不能通过空运运输，开通了陆运，这些产品的运输将更加方便，也让销售这些产品的卖家以及购买这些产品的买家多了一个选择。

在"四日件"刚推出的时候，顺丰速运也曾经遇到过一些问题。例如在短时间之内，邮件的数量不够多，难以支撑整个公路网络的运营，给顺丰速运带来了不小的压力。不过王卫并没有草率地终止这项业务，他有足够的耐心，也有足够的能力，让顺丰速运"慢递"业务在最短的时间内达到收支平衡，进而盈利。

王卫喜欢将企业比喻成一个走路的人，如果一味地图快，在一开始可能会领先，不过坚持不了多久就会超过身体的负荷，后劲不足，身体的负担越来越大，甚至可能没办法走到终点。因此，采取适度的步伐，才能够走得更长久。

按照顺丰速运当时的发展状况，如果继续追求快速发展，就需要更新更多的设备，招聘更多的人员。如果设备与人员的补充不够及时，不断增加的业务量就会成为公司的负担，管理人员在处理问题时，会应接不暇。负面的影响日积月累，最终会让企业陷入危局，甚至无法翻身。

与此同时，公司的发展速度过快，落到员工头上的压力就会剧增。当负担超过人的承受极限，哪怕再优秀的激励制度也无法调动起员工的积极性。到时候，员工会对企业产生抱怨，日积月累，就会将这种负面的情绪带到自己的工作当中，对客户的服务质量也会降低。最终的结果，就是顾客会放弃选择这家快递公司的服务。

做企业如同做人，凡事要懂得量力而行。快递公司也属于服务行业的一种，不提供生产，也不提供销售，最重要的就是要提供高质量的服务。在商业领域，很少有哪一种服务是仅仅靠速度就能取胜的。懂得量力而行的企业管理者，才会清楚自己的企业究竟具有多大的能力，不会贸然采取超出能力之外的行动，让企业平稳地过渡，稳定地成长。

量力而为是经商中的一种智慧，可以降低企业的风险。不过却不是每个经商者都能像王卫一样，能够对自己的企业做出一个客观的评价。

适时地慢下来，也许看似保守，但就是这种适度的保守，才能让企业的自身优势更好地保留下来，不被逼入绝境。从王卫的身上，可以感受到一种安静的坚持。这份坚持会为他积蓄无限的力量，在适当的时候爆发出一个奇迹。

王卫从来不害怕任何质疑的声音，让顺丰速运的发展速度慢下来，就源于他对于正确决策的坚持和力排众议的决心。

有人说顺丰速运是一家成功的快递企业，可在王卫看来，就连成功都是暂时的。如果一味图快，舍弃了一些比企业发展速度更加重要的东西，成功很快会变成过去。只有在安静中不断地前行，心中的那个目标才会越来越清晰。

可是在强大的对手面前，王卫没有一次萌生出退缩之心。而在成功面前，他同样没有冒进。被成功的欲望冲昏了头的人，是不会管理出一家可持续发展的企业的。王卫的自信与坚定，引领着顺丰速运一步步走到今天。

回首曾经的创业历程，王卫积累了许多经验，也弥补了许多不足之处，但唯有让顺丰速运长期、稳定地发展这个信念，他从来不曾改变。

许多快递企业在激烈的竞争中销声匿迹，我们不能说顺丰速运是快递行业的幸存者，因为顺丰速运的存在，有其必然的道理。我们可以说，顺丰速运是快递行业市场竞争中的胜利者，只要固守信念，不忘初心，顺丰速运的胜利将会一直持续下去。

熟悉王卫的人，总是能从他的身上感受到一股韧劲。他凭借着一腔热血开始创业，却没有只靠一腔热血鲁莽地行事。无论取得怎样的成绩，他都能够沉得住气，稳住步伐，保持着低调的本性。就是凭借着这样的信念和智慧，王卫张弛有度地掌握着顺丰速运的发展节奏。

3.融资并非为了上市

早在 2013 年之前，坊间就一直流传顺丰正在考虑融资的事情。2013 年 8 月，顺丰公开承认与元禾控股、招商局集团、中信资本这三家企业签订了入股协议，这三家公司将拥有顺丰 25% 的股权。至此，顺丰融资一事终于尘埃落定，顺丰也终于拥有了三家新股东。

对于顺丰来说，这次融资是一次强强联合之举，顺丰速运保持了多年的单一股东身份也终于被正式改变。

当融资的消息对外公开，一时间舆论哗然。许多人怀疑，王卫的这一举动是在酝酿着让顺丰上市。不过，王卫却立刻否定了顺丰上市的传闻。他说："顺丰目前不缺资金，短期内也没有上市的打算。之所以做出融资的决定，是因为现在竞争激烈。"

这笔新融入的资金，将用于继续巩固并拓展顺丰的核心资源。为此，王卫还说："双方合作是基于对公司业务的理解、未来发展的理念和战略方面的共识。顺丰希望通过与股东们的紧密合作，在继续保持顺丰原有优势的基础上，创造更长期的价值。"

对此，投资方也做出了自己的表示。他们认为，参股顺丰是着眼于长远发展，不会改变顺丰目前的战略方向和品牌主导权，通过资本的力量，顺丰未来在战略布局上可以达到新的高度。

这足以证明，三家投资方在当时决定入股顺丰，是看好了顺丰的发展速度和模式，对于是否上市这件事，不会采取强迫的态度。

可是，许多人却依然觉得顺丰融资这件事并不像王卫和投资方说的这么简单。有人觉得，顺丰的融资行为还有更大的目的，那就是通过投资方获得更多的资源。

背后拥有资源最多的，可以说是元禾控股。元禾控股曾经和国家开发银行合作成立了中国第一支国家级风险投资母基金，同时元禾控股还包含中国规模最大的天使投资基金以及中国首家科技金融超市。

而中信资本在具备雄厚的资金力量的同时，还涉足房地产、直接投资、资产管理、创业领域投资等产业。

至于招商局集团，则可以帮助顺丰在海外开展业务提供便利条件。招商局集团是驻港大型中资企业，在内地、香港、东南亚等地区都有业务开展。

对于任何一家企业来说，资金与资源整合都是发展的重中之重。融资既可以帮助企业吸引到核心资源，帮助企业获得更好的发展，还可以帮助企业解决当前遇到的一些难题。快递行业已经进入了资本时代，对外开放股权，被王卫认为是大势所趋。中国快递行业的增长速度，已经高达每年20%的比例。尤其是民营快递企业，因为价格更加低廉、服务更加灵活、本地布局覆盖面更加全面，在资本方眼中具有更大的竞争优势。因此，在投资方看来，快递行业是朝阳产业，只要投入较小的资本，就能获得较高的回报。因此，许多国内、国际上的风投机构，也纷纷瞄准了这个行业。

对外开放股权，顺丰速运并不是先例。早在 2012 年，中国邮政速递物流股份有限公司就公开宣布对外招股，将通过 IPO 募集资金 99.7 亿元；申通快递也以 1.6 万亿元的巨资从海航集团购得天天快递 60% 的股权，成为天天快递的实际控股方。2013 年 5 月，红杉资本正式购买了中通速递不超过 10% 的股权，成为中通速递的股东。

如此看来，快递企业已经饱受投资方的青睐。在中国诸多快递企业当中，顺丰速运已经走过 20 多年的历史，发展已经日趋稳定、成熟，因此开放股权实际上是水到渠成、顺理成章的事情。

从这一次融资开始，顺丰速运的发展又一次进入了提速阶段。王卫是一名务实的企业管理者，在他的带领下，顺丰速运也成为一家务实的企业。资本方对于顺丰早就十分看好，不仅因为顺丰速运的业务基础稳固，更因为其管理模式科学、健康，市场覆盖率高。

顺丰速运的健康发展模式以及王卫本人对于商业市场的敏锐洞察力，都受到了投资方的青睐。他们认为，投资顺丰速运这样的企业可以大大降低投资风险。

一直以来，顺丰速运一直致力于提供标准化的快递服务，融资之后，也会逐渐开始向定制化的综合物流解决方案转型。市场对快递业的需求在不断扩大，顺丰速运的服务也必须开展得更加丰富多彩，以满足市场不断提升的需求。这次融资就是为了能够更好地开展"适度多元化"的经营模式，让顺丰速运的可持续发展道路走得更加顺利、长久。

对于新融入的资金该如何使用，王卫已经做好了规划。这些资金将继续巩固和拓展顺丰的信息体系、中转环节，其中包括场地、设备、车辆和运力，同时巩固顺丰速运的航空枢纽、电商、物流仓储设施等方面。

这些资金将会用于顺丰速运全面的发展，而不是只用到某一个具体的方面。从 2013 年开始，顺丰已经搭建起全方位空地一体网络，也逐渐开始从标准化快递服务向定制化综合物流解决方案转型。在未来，顺丰也会采取的一系列举措，丰富顺丰速运的物流、资金流、信息流，以迎合市场发展需要，创造出更丰富的产品与服务。

无论如何，这一次的融资，并不代表着顺丰很快就将开展上市计划。对于资本市场，王卫并没有更大的野心。在王卫心目中，企业的核心资源不止资金一种，还包括人力资源、设备资源、经验资源、技术资源，甚至人脉资源等等。在接受融资之前，他也对顺丰速运自身拥有的优秀资源进行了一番总结，之后才得出究竟该引进哪些资源优势的结论。对于这次融资，王卫早已计划好了该将投资方的哪些资源整合到顺丰速运，也将更加有针对性地弥补顺丰速运在某些方面的不足。

许多企业都难以抵挡外资的巨大诱惑，有了外资的投入，可以扩大企业的规模。可王卫并不希望顺丰速运的规模盲目扩大，他必须要了解顺丰的发展形势，才能做出是否要融资的决定，更不可能让外资将顺丰未来的发展能力全部吞噬掉。

在融资方面，王卫做到了足够谨慎。他觉得，只有谨慎地面对融资，才能让头脑时刻保持清醒，顺丰速运发展的主导权才能永远牢牢地握在他的手中。

早在2011年王卫就曾说过，顺丰一定不会为了圈钱而上市。许多企业在上市之后，变成一台只会赚钱的机器，这是王卫无论如何不想看到的结果。不过，对于王卫的这一次表态，许多人误认为顺丰在任何时候都不会上市，这也让人误解了王卫决定让顺丰上市的本心。

王卫的原话是这样说的："上市的好处无非是圈钱，获得企业发展所需的资金。顺丰也缺钱，但是顺丰不能为了钱而上市。上市后，企业就变成一个赚钱的机器，每天股价的变动都牵动着企业的神经，对企业管理层的管理是不利的。我做企业，是想让企业长期地发展，让一批人得到有尊严的生活。上市的话，环境将不一样了，你要为股民负责，你要保证股票不断上涨，利润将成为企业存在的唯一目的。这样，企业将变得很浮躁，和当今社会一样的浮躁。"

王卫的意思并不是说顺丰永远都不会上市，而是希望踏踏实实地做好每一步。上市并不一定是企业的必然终点，想要做好企业，就必须具备远大的愿景，敢于投入。

成为上市公司自然会面临许多受束缚的地方。因为上市之后，企业的每一笔投入都必须向股民交代，必须让股民相信，这笔投入是能够带来回报的，并且最好能在短期之内就带来回报，做出很漂亮的业绩。

当时的王卫还不具备这样的信心，因为市场多变，他不能保证自己制定的每一项战略都能取得立竿见影的效果，也不敢拍着胸脯向股民保证自己做企业永远都不会失败。

当时之所以决定不上市，王卫还有另一个打算。如果上市，企业就必须将全部信息对外披露，等于是让顺丰变成一家透明的企业。而在那个时候，国际上四大快递巨头的竞争处于最激烈的阶段，如果披露全部企业信息，就等于暴露了顺丰速运的全部战略性计划。王卫觉得，那时的顺丰还是一家正在快速成长的企业，保护自己的商业机密是十分必要的。

因此，王卫才说出这样一番话："作为企业老板，你一定知道你为了什么而上市。否则，就会陷入佛语说的'背心关法，为法所困'，可以说，顺丰在短期内不可能上市，未来也不会为了上市而上市，为了圈钱而上市。"

快递行业的竞争向来激烈而残酷。2007年顺丰上市之后，王卫持有的顺丰控股股票市值约为1300亿元，这也让他成为民营快递业的首富。

不过，民营快递企业的成本一直在不断上升，低价竞争的局面也十分激烈。有人说，顺丰速运上市，意味着快递行业将迎来更残酷的洗牌。不过，王卫依然保持着自己的初心，坚信自己做企业的目的不是为了赚钱，而是想要做成一个平台，通过这个平台实现自己的价值和理想。

第五章
清醒与自制

1.坚持原有市场定位

许多创业者在创业之初都有自己的偶像,因为某个偶像,他们走入了某个行业。王卫最初的偶像是联邦快递,严格来说,那并不算是偶像,更像是一个榜样。

同为快递物流企业,联邦快递在最初起步的时候就为企业严格设定了承接业务的标准。他们不觊觎大宗物流,而是专注于小包裹业务,例如替医院运送血浆、器官、药品,或是替公司与个人传递重要文件等等。

这些小件包裹的统一特点就是需要快速。医院为患者输血、移植器官,都是丝毫拖延不得的;商业上的重要文件大多也是急需送达的。为此,联邦快递从创办开始就把送货的速度当做重中之重。

最初的联邦快递并不奢求能覆盖全球,甚至连覆盖全美国都没有实现,只是覆盖了5个距离比较近的美国城市。因为不盲目扩张,联邦快递迅速地扎稳了根基,拥有了自己的服务优势,赢得了客户的口碑。这些都为联邦快递后来的发展起到了奠基的作用。

联邦快递对市场定位的坚持也对王卫起到了极大的启示作用。任何一家企业都不能奢求覆盖所有客户群体，也不能奢求覆盖世界上的每一个角落、每一项业务。因此，想要做出特点，就必须专注于某一个点，进而做强、做精。

于是，王卫开始为顺丰速运进行市场细分。顺丰速运最初的市场定位是中高端市场，而不是像其他快递公司那样来者不拒，有件就收。在包裹的重量方面，王卫也进行了严格限制。运送大件包裹并不是顺丰速运的强项，就连摩托罗拉发出的物流邀约，王卫都拒绝了。

对市场进行精确定位的好处是能够制定出标准更加统一的价格，也能够针对自己的目标群体提供更加完善的服务。

2007年，国际快递企业似乎进入了一个资源整合的时代，几乎所有快递企业都忙着为自己带来一些改变，许多公司甚至开始转战大型物流行业。只有王卫一个人坚守着小件快递这块阵地，无论如何也不肯改变自己，更不肯改变顺丰速运的经营范围。

只做小型快递是王卫的坚持，从创办顺丰速运开始，他就明确了这一观念。他的这一坚持很快就见到了好处。其他快递企业因为大包大揽所有业务，服务质量下降，快递速度跟不上，受到了许多客户的质疑。而顺丰速运因为只做小件快递，服务质量高，速度有保证，很快就从众多快递企业中异军突起。

从最初只有一家小门脸，到后来覆盖周边的几个城市，再到垄断华南市场，甚至到最后覆盖全国，顺丰速运的发展道路在王卫的指引下尤为顺畅。

许多企业在某一个行业成为翘楚之后,便开始涉足其他行业,朝着多元化的方向发展,可是对于曾经取得成功的那个行业,专注力却大不如从前了。

因为分心,服务质量下降,也许短时间内不会对企业造成恶劣的影响,但是客户却能够感受到服务质量方面细微的变化。一旦客户意识到某家企业的服务质量不如从前,就会默默地放弃这家企业。也许在这家企业还没有意识到发生了什么的时候,原有的客户就已经纷纷投奔了其他的公司。

盲目地扩大目标顾客群体就等于对企业现有的结构进行了拆分。许多企业从拆分的过程中尝到了甜头,也引来更多的企业跃跃欲试。然而,他们只看到了好处,却没有看到潜在的风险。许多企业甚至并不是将原有的产品和服务向周边延伸,而是索性重新进入另一个行业。这就相当于重新开始创业,原有的资本也不得不为了新生的业务而分散。曾经已经做得很好的业务因为减少了投入和精力,最终就变成一个烂摊子,很难收拾。

王卫的个性里,多少有一些完美主义情结。一件事情没有做到极致,他就不会去分心做其他的事情。因为他的这份专注,顺丰速运的业务才变得越来越精细,越来越精致。

不考虑多元化发展,就是为了避免精力和资源分散。这样,企业就能减少更多不必要的风险,降低失败的概率,也就提升了成功的概率。明确的市场定位能够让企业朝着一个清晰的目标一直走下去。不是每一个企业都能成为行业精英，但如果连起码的专注都做不到，只一味地贪大，更容易被市场淘汰。

王卫觉得，想要做好一个行业，已经是难能可贵的事情。当初，他从快递行业中发现了商机，就下定决心要把握住。市场在不断变化，但是有些东西永远不会变，例如顾客对品质的要求。即使企业想要寻求变化，也要清楚哪些事情是一定不能改变的，这样才能把握住成功的真谛。

王卫为顺丰速运制定的策略，也让人看出了他的清醒和自制。他将"贪心"二字彻底地屏蔽在自己的思维之外，始终清醒地认识到自己想要什么，自己究竟拥有什么资本，从来不在没有做好手头业务的时候就盲目扩大。一味地追求发展，放弃原有的市场定位，很可能会导致公司发展的后劲不足。到了这个时候，曾经的机遇就会变成吞噬生命的陷阱。

许多创业者在经营企业的过程中总是喜欢把眼睛盯在同行身上，只要同行开展了某项业务，或是做出了某些举动，自己也不甘于被落下，不管自己的基础能不能够支撑这些变化，也要执意跟风。

王卫却始终将目光放在自己身上，一门心思地朝着自己设定的目标努力，不轻易受别人的诱惑。有些快递企业承接大宗物流的确赚到了不少钱，但王卫却丝毫没有眼红。他只专注于完成自己为企业设定的目标，即便暂时没有其他企业获得的利润多，也并不感到遗憾。也许正是因为他的这种心无杂念，顺丰速运才坐上了中国快递行业的头把交椅。

做企业的人，没有人不希望自己的企业赚钱。但是，贪得无厌最终会将企业引向失败，只有清醒的头脑才是成功的重要因素。敢于对诱惑说"不"的人，才有机会成为一名真正的成功者。

自己能力以外的事情，王卫坚决不涉足。而对于顺丰速运的未来，他有清醒的认识，坚决不肯为了暂时的利益影响未来的大局。在赚钱方面，王卫的胃口并没有那么大。在企业的发展方面，他却比许多人的眼光都更加长远。

对于快递公司，顾客们都有自己的考量标准。最让顾客满意的快递公司，除了运送速度快外，还要价格合理、服务态度好、派送范围广。如果单从快递费用上考量，顺丰速运似乎并不具备优势。然而，正因为王卫将目标群体定位在收入中高端人群上，顺丰速运的快递费用并没有成为公司的劣势。

价格高自然也有高的道理，高收费带来的是更高质量的服务。对于收入处于中高端水平的人来说，顺丰速运的快递费用并不算高昂。支付比其他快递公司稍高一些的费用，却能够得到更高质量的服务、更快速的派送保证，这让许多中高端消费人群对顺丰速运十分认可。

在其他快递公司还不能保证 3 天之内送达的时候，顺丰速运就已经保证 2 天内可以送达。这似乎才是"快"递的真正意义。与此同时，在包裹破损方面，王卫也进行了严格的把控，让顺丰速运的包裹破损率大大低于其他快递公司。就这样，快递行业的中高端市场轻而易举地就被顺丰速运占领了。

顺丰速运的定位就是中高端快递市场。为了满足这个顾客群体的需求，为他们提供更好的服务，顺丰速运的每一个快递员，在上岗之前都必须接受一系列的培训，并且在培训结束之后还要参加公司的统一考核，只有考核通过的人员才具备上岗的资格。如果客户对快递员的服务态度不满意，可以进行投诉。顾客的投诉也成为衡量快递员业务水平的重要标准之一。

王卫做出的很多决策都是围绕着顺丰速运的市场定位展开的。就连与航空公司合作，甚至购买飞机，都是为了提升快递运输速度，满足自己的顾客群体对于速度的需求。

用飞机运输，也让顺丰速运的派送更加快速，不仅能够保证普通快件在48小时之内送达，甚至可以保证加急快件在24小时之内送达。

速度的提升也让顺丰速运原有的顾客变得更加忠诚。中高端消费群体中，越来越多的人将顺丰速运当成自己指定的快递公司。对于这些顾客来说，更快的速度、更高的服务质量正是他们所需要的。哪怕是在网购的过程中，选择顺丰速运需要额外增加邮费，也没有让顺丰速运的订单量因此减少。

王卫坚持着市场定位，并不意味着他不会变通，而是他能够在不同的发展契机中找到合适的市场定位。在正式与电子商务领域开展大规模合作之前，王卫经过了很长一段时间的深入思考。

非典爆发之后，越来越多的人习惯了网络购物这种生活方式。许多快递企业也借助电子商务平台，让自己的订单量大幅度增长。不过，顺丰速运从电子商务平台获得的订单量，只占据公司总业务的10%。究竟是否要进军电子商务领域，王卫没有迅速做出决断。

他先是对市场状况与顺丰速运的基础状况进行了一番分析。如果要正式进军电子商务平台，就必须降低快递费用的价格，这就意味着曾经坚持的中高端市场定位不得不被打破，从而转向为低端市场服务。

在低端市场当中，最常见的竞争方式就是价格战，如果能开出一个低价快递费，就能让快递公司更具备优势。而在这一点上，顺丰速运的优势似乎不那么明显。

此前为了占据快递行业的中高端市场，顺丰速运做出了巨大的投入。如果重新进军低端市场，就等于要放弃之前的一切努力以及好不容易取得的一些成果。这样做是否划算，王卫还很难做出判断。

而且，阿里巴巴公司在2011年发布了一条信息，马云对阿里巴巴做出了一条"大物流战略"的指示。也就是说，在未来，阿里巴巴将拥有自己的物流系统，不再需要专业物流公司的参与。那么，如果顺丰速运现在放弃已经占有的中高端市场，转而进入低端市场，那么当阿里巴巴自己的物流体系建成之后，顺丰速运也许就会面临"失业"的风险。

综合种种因素，王卫还是决定坚持原有的市场定位。不过，在具体的战略措施方面，他还是做出了一些细微的调整。例如不再单一地进行寄送快递业务，而是渐渐向综合物流的方向发展。

王卫的这一坚持，一直持续了许多年。直到多年以后，中国电子商务平台的发展更加成熟，顺丰速运在中高端市场的根基更加稳固，王卫才终于决定与电子商务平台开展合作。

　　事实证明，王卫的决策是十分正确的。当年，许多快递企业匆忙之间选择大规模与电子商务平台进行合作，最终的结果不是转型失败，就是业务水平停滞不前。只有顺丰速运，凭借着王卫在关键时刻制定的合理发展战略，一直到今天，在获得中高端客户认可的同时，也渐渐被低端市场所接受。

2.为意外买单

2016年12月,顺丰速运正式上市的前两个月,在深圳南山区海天一路深圳软件产业基地一栋大楼的会议室里,马鞍山鼎泰稀土新材料股份有限公司的一场临时股东大会正在召开。

这次股东会议上,顺丰速运 CEO 王卫成为马鞍山鼎泰稀土新材料股份有限公司的非独立董事,至此,顺丰速运的借壳上市计划只需要经过更名和敲钟两项流程就可以全部实现。

股市风云向来波谲云诡,借壳上市之后的顺丰速运也会如同在风雨飘摇的大海上艰险航行的大船,而王卫就是这艘大船的掌舵人。

在创业路上,王卫曾经不止一次站在十字路口,为了顺丰速运的发展一次又一次地做出艰难的抉择。例如,究竟是继续走加盟路线,还是改成全面直营?究竟是开启航空运输,还是维持一贯的陆运?究竟是与电商开始合作,还是只收以往的商务件?

王卫每一次抉择之后换来的,都是顺丰速运朝着更高的台阶稳稳地迈出一大步,以及顺丰速运的一次又一次转型。

如今王卫正面临的十字路口,是资本市场的全景,以及整个快递行业正在出现的岔口。2016年，快递市场的业务量超过了300亿单，这对于顺丰速运甚至整个中国的快递行业来说都是一场巨大的挑战。为此，王卫也进行了一连串艰难的抉择，并凭借着正确的战略眼光，让顺丰速运成为中国市值最高的快递公司。

王卫有着虔诚的信仰，顺丰速运所取得的一切成绩在他看来都不是偶然的结果。他说这都"是上辈子积攒下来的东西"，并且坚信，如果认为成功是偶然的，就那是一种无知。

有人觉得，王卫的观点有些过于"宿命论"，可正是因为这一份相信，王卫没有像其他一些企业家一样，在取得了一点小小的成功之后，就走上了狂妄之路。也因为这样的心态，他对所谓的成功有了更深层次的理解。

顺丰速运的成功的确不是偶然的。为此，每一个顺丰人都付出了极大的心血，王卫也坐在指挥者的位置，做出了一个个正确的决策，其中就包括"绝不能让顾客为意外买单"。

2008年1月13日午夜，顺丰速运的湖北分区遭遇了一场严重的火灾，其所在区域隔壁的房间供电线路短路，导致大火。火势不断蔓延，最终殃及顺丰速运的中转仓库。

因为火灾发生在午夜时分，顺丰速运中转仓库的大部分员工都已经下班，猛烈的火势瞬间就吞噬了大量货物。当工作人员发现大火时，几乎半个仓库都被付之一炬。

不过，每一个顺丰速运的员工都在上岗之前接受过紧急状况的应对措施培训。发现大火的员工并没有慌张，当认识到仅凭员工们的力量已经无法扑灭大火的时候，就立刻拨打了火警电话。与此同时，顺丰速运为紧急情况制定的应急机制也正式启动。

接到火警电话的消防队火速赶来，以最快的速度控制住了熊熊蔓延的大火。利用这短暂的时间，顺丰速运的应急机制也已经完成了好几个步骤。

发现大火的人员在拨打火警电话之后，立刻将着火的情况汇报给顺丰速运总部，同时通知了湖北区最高级别管理人员。那一天夜里，湖北地区正下着大雪，湖北区的总经理冒着大雪赶到火灾发生的救援现场，指挥员工配合消防队开展工作。

与此同时，顺丰速运的备用场地正式启用，在保证公司内部正常运营的同时，尽一切力量抢救剩余货物，最大限度地减少损失。

接下来，顺丰速运特意为这场火灾成立了应急小组。顺丰速运运营部总裁成为突发状况应急小组的组长，组员则分别是客服总监、营运总监、行政总监、企划总监等。应急小组的组长和每一个成员都连夜被召集起来，经过短暂的商议和讨论，立刻在副总裁的带领下，前往湖北区展开危机应对工作。而此时，大火甚至还没有被完全熄灭。

为了迅速扑灭大火，拯救库房的货物，顺丰速运湖北区的所有工作人员一夜未眠。第二天天一亮，他们又全身心地投入到新一轮的工作当中。

按照公司指示，他们必须一个一个联系到货物受到损坏的寄件方和收件方，将这场大火的实情告知他们，寻求他们的谅解。为此，顺丰速运的员工们已经不记得自己拨打了多少通电话，道了多少次歉，做了多少次解释。在请求谅解的同时，他们还向客户保证，一定会在最短的时间之内，拿出令对方满意的解决方案。

不久之后，赶来支援的总部应急小组到达湖北分区，将湖北区的员工们从焦头烂额中解救了出来。应急小组赶到以后，立刻开始接受后续的应急工作。他们首先向政府部门汇报了此次突发事件的具体情况，每一个赶来的顺丰速运高层管理人员都亲自赶往重要的政府机构，当面向政府汇报工作，以及大火发生的原因，并且做出保证，会以最快的速度做好善后工作。

因为顺丰速运出面解决得十分及时，态度也十分诚恳，政府对这次突发事件并没有过度指责，并且表示将全力支持顺丰速运的善后工作。

一般来讲，某家企业发生突发状况，随后就会产生各种各样的谣言，对企业进行中伤、诋毁或是无端猜测。为了避免这样的状况出现，顺丰速运早就制订出完善的抵制谣言计划，并依靠政府立刻开始进行危机公关。

王卫知道，有时候，谣言甚至比灾难本身还可怕。因此，当突发状况发生的时候，控制舆论就成为重中之重。

为此，顺丰速运将其他地区的呼叫中心立刻转移到湖北区，支援湖北区的客服工作，让顾客及时了解情况，也让不明真相的顾客避免因过多等待而产生诸多猜测。

因为沟通及时，顾客大多对这场突发大火表示谅解，并且因为很快就了解到真相，也不会对顺丰速运产生怀疑。如果顺丰速运在舆论控制这一点上应对得不够及时，很难想象，外界的猜测与谣言会为企业带来多么大的伤害。

许多客户听说湖北区顺丰速运发生火灾，纷纷上门询问。为此，顺丰速运还特意成立了专门的应答室来接待这些顾客。这一安排让客户们更加感到安心，不仅没有因为这一场大火对顺丰失望，反而更增添了信任感。

网络上的客户对这场大火同样表示着强烈的关注，许多网友们针对这次事件展开了激烈的讨论。这也在顺丰速运应急小组的预料之中，他们不仅及时通过电话对客户们进行解释，还专门在各大网站上说明情况，让不明真相的客户及时了解到实情。

针对这场火灾的应急工作开展两天之后，顺丰速运就拿出了具体的解决方案。首先最重要的一点，就是要向公众说明火灾发生的具体原因，并明确告知客户，总共有多少件货物在火灾中被烧毁，主要有哪些地区的快件受到这场火灾的影响。与此同时，也向客户保证，会及时进行妥善的处理。通过这一方式，客户了解到，顺丰速运不仅不是这场火灾的主要责任人，并且也和大家一样都是受害者。

另外，针对烧毁货物的赔偿，顺丰速运也给出了具体的解决方案。这场火灾让顺丰速运和客户都受到了极大的损失，不过，顺丰速运坚决不能让客户为这场意外买单。根据国家发布的《快递服务行业标准》，顺丰速运决定按照货物的 3 倍价格对客户进行赔偿，最大限度地挽回客户的损失。

王卫也专门针对这场火灾在顺丰速运的内部发表了一番讲话，给员工们以鼓励，给客户们以信心。

许多顺丰速运的员工因为这次意外事件，情绪上受到了影响。许多人觉得很沮丧，觉得自己之前的许多努力都在大火中被付之一炬。为了让大家鼓足劲头继续工作，王卫专门给湖北区的员工加油打气，并对他们的辛苦表示感谢，同时还做出了当月加薪 20% 的决定。

因为处理及时，加上赔偿程序启动，一场负面事件就这样渐渐平息下来。顺丰速运也凭借着真诚的态度，安稳地渡过了这一次危机。

无论如何，王卫都是一名无比具有责任感的领导，顺丰速运也是一家具有责任感的企业。无论何时何地，客户在他们心中都是第一位的，不让客户吃亏也是顺丰速运在经营过程中的第一原则。

3.全面直营

1999年，王卫展开了一场声势浩大的收权行动，顺丰速运从原本的加盟经营方式改为全面直营。从1999年到2002年的3年间，完成收权后的顺丰速运终于正式走上了崛起之路。人们通过这场收权行动认识到了王卫个性中铁腕与强硬的一面，但是又不得不承认，这场行动对顺丰速运后来的发展具有承前启后的战略意义。也许，没有当年的那场行动，也就不会有顺丰速运的今天。

全面直营之后，顺丰速运最大的改善就是改变了快递时效慢、货物积压严重的问题。外界曾经一度因为这些问题对顺丰速运提出质疑。做出改变之后，顺丰速运很快就树立起高端快递的品牌形象，也让顺丰的品牌越来越受到资本市场的追捧。

对于快递企业来说，加盟模式的确存在着许多优势，例如资金投入小，发展速度快，更加有利于市场扩张。相比之下，直营模式似乎有更多弊端，例如资金投入巨大、规划和发展速度慢等。

正是因为曾经看中了加盟模式的这些优势，顺丰速运在成立之初也采取了这种模式，再加上本身的价格优势，迅速地占领了一定的市场份额，甚至一度都没有设立顺丰总部，可以说是以一种比较粗犷的方式在经营。

在之前的章节中，我们也提到过加盟模式为顺丰速运带来的弊端，到后来，可以说几乎造成了恶劣的影响。

如果当时王卫不是将大部分精力都放在市场拓展方面，也许早就发现了加盟模式的诸多弊端和隐患。当时的顺丰速运正处于上升期，王卫与下面的每一个员工都成为工作狂。好在1999年就决定开始全面回归直营，这个决策做得并不算晚，也及时将顺丰速运的发展拉回到正规的轨道。

早在2002年成立总部之前，顺丰速运在全国范围内就已经拥有180个网点。不得不承认，这是加盟模式带来的好处。然而，因为利益的驱使，加盟模式的弊端远远超过了优点。

一场收权加整顿行动，王卫整整花了3年时间，才渐渐让顺丰速运的架构和各分公司的产权明晰起来。为了避免再次出现当初加盟商各自为政的局面，王卫狠下心来成为一名"独裁者"，充分掌控公司的决策权和话语权，就连曾经也是顺丰人的父亲和姐姐也不能"幸免"，他们没有分到顺丰速运一分钱的股份。

对于王卫来说，选择直营的方式并不是没有经历过一番激烈的内心挣扎的。当时，如果继续保持加盟经营的模式，自然是一种最和缓的解决办法。在控制加盟商方面，王卫也可以采取一些类似奖惩管理措施，清除掉一些不符合顺丰要求的加盟商，这样就不用"一刀切"，也不会让一些加盟商对王卫产生仇恨心理。当时的许多快递公司都采用末位淘汰制的奖惩措施。

而另外一个办法，似乎看上去更加折中，既可以保持原有的加盟模式，也可以在部分网点采取直营模式。只要将直营网点设在一些中心城市的中心中转场，就等于卡住了整个快递网络的咽喉，使加盟商受到总部的制约。这也是一些快递公司在使用的方法。

不过，王卫却偏偏选择了最难走的那一条路。这过程中经历的波折与坎坷自不必说，好在王卫终于挺了过来，人们看到顺丰速运也在朝着管理标准化、服务质量优异化的方向发展。顺丰全面直营的成功也让其他快递企业看到了信心，也许有一天，大部分快递企业都会采取直营的方式，以迎合快递行业未来的发展趋势。

在王卫决定全面直营之前，中国还没有任何一家快递公司采取这样的经营方式。可以说，他是没有任何成功经验可以参照的。大大小小的麻烦都找上了王卫，不过他并没有退缩，反而越来越能感受到改革所带来的成就感。

王卫早就做了预测，一旦全面实行直营方式，顺丰的扩张速度也会立刻变慢，然而为了顺丰速运的长远利益，变革实在是必然之举。

在深圳建立顺丰公司总部是王卫为全面直营道路奠定的第一个基础。从成立总部开始，顺丰速运的运营模式发生了翻天覆地的变化。对于不愿意放弃经营权的加盟商，王卫给出了丰厚的条件。无论多难，他都必须将顺丰速运的经营权全部收回来。

在多年以前，其他快递企业也曾经尝试过收回加盟商的经营权，采取全面直营的方式，不过只有顺丰速运一家获得了成功。许多人都知道，为了全面直营，王卫的生命安全一度受到一些加盟商的威胁。在人身安危面前，换做别人，想必会动摇、会放弃。王卫却是一个倔脾气，哪怕冒着生命危险，也不会改变自己所做的决定。据说，那段时间里，王卫的人身安全受到了极大的威胁，每次出门，他的身边至少要带4-6个保镖。可即便如此，他还是没有放弃要改变经营方式的决心。

除了天生的勇敢外，这也与王卫从小的环境熏染有关。广东的商人，就是具备敢为天下先的勇气，即使是从没有人尝试过的事情，只要觉得是对的，他们就愿意去尝试。就像王卫那项鲜为人知的爱好——极限自行车运动——这是一项勇者的运动，在这项极限运动中王卫受过不少伤，身上也打过钢钉，可他依然热情不减。说他倔强也好，说他勇敢也好，作为企业管理者，他的冒险与硬朗奠定了企业的行事风格。也许正是因为这份深埋于骨子里的勇气，他才能在收权行动当中勇往直前。

因为这些性格因素，王卫在面对困难时从没有退却过。当只剩下一个营业网点没有收回的时候，王卫甚至对那个加盟商下达了"最后通牒"，要求对方务必在截止日期之前卖出股份，否则就滚出顺丰。就这样，顽固的加盟商在王卫的强硬面前也不得不放弃了抵抗。

谈到顺丰速运的收权行动，王卫曾经说过："我可以把命都搭上，你敢吗？"这句话就是王卫在面对一个不肯放弃股权的加盟商时说的。很少有人具备王卫这样的勇气，也很少有人敢像他这样做别人不敢做的事。

具备敢于豁出去的勇气，加上稳重的个性和清醒的头脑，也许这就是一名成功企业家的取胜之道。因此，顺丰速运才能始终保持住国内快递行业遥遥领先的地位。

当收权行动终于以胜利而告终的时候，顺丰速运的组织架构已经彻底脱胎换骨。此时的顺丰速运已经具备了更加强大的竞争力。因为管理更加直接，顺丰速运的快递速度也得到迅速提升，许多竞争对手根本无法与它比拼。仅凭借派送速度快这一点，顺丰就笼络了许多忠实顾客，再加上其他方面的优势，顺丰速运在与同行们竞争时显得更有底气。

从 2002 年开始，顺丰速运就开始全面发展直营模式，并开始拓展华东市场。王卫将在其他市场取得的成功经验复制到全国范围，终于铺开了一张全国性立体网络。

不过，刚刚实行全面直营的顺丰速运在一开始也出现了一些弊病。当时，低价香港件是顺丰速运的主打产品。从华东地区再到整个中国，顺丰速运的网点超过 200 个。可以说，这是顺丰速运发展最迅猛的一段时期。

华东和华北市场被王卫当做主要的进攻市场。此前，这两个市场一度被申通和宅急送稳稳占据。面对申通，顺丰速运还是有一丝忌惮的。而且，作为顺丰速运最主要布局的华东市场，进展一直都没有想象中顺利。

在华东地区的上海、武汉等城市，顺丰速运的业务量一直没能超过申通。与此同时，申通也正式将顺丰当成主要的竞争对手，并且针对顺丰采取了一系列竞争手段，增加了顺丰速运在当地扩张的难度。因此，在很长一段时间里，顺丰速运在华东市场的营业额最多呈持平的状态，而在华北市场也迟迟没能赚到钱。

因为顺丰速运刚刚实现全面直营，企业一面要扩张，一面要直营，在管理人才方面，明显出现了不足。为此，王卫吸收了一大批新鲜血液，补充到各地新设的网点当中。新人与老人之间很快就出现了一些摩擦，因为彼此无法兼容，一些新人在加入顺丰速运之后不久就选择了离开。

王卫很快就意识到顺丰的处境，他从不逃避顺丰内部出现的问题，只要发现就要立刻解决，不解决彻底绝不罢休。

2006年，顺丰速运将华北总部搬到位于北京的空港物流园，原本位于北京东郊的黄港配送中心也开始筹备搬家事宜。对于王卫来说，这又是一次全新的探险。全新的华北总部地处偏僻，很少有人能够想到，作为中国最大的民营快递公司，顺丰速运会将华北总部设在这里。

其实，王卫的心中早已经酝酿了更大的计划，就是成立自己的航空公司，开始航空销售工作。在一切准备停当之前，王卫拒绝了一切外来采访。这符合他一贯低调的个性，他也希望让自己在平静中完成顺丰速运下一步的布局。

当时，很多同行人觉得王卫那一套在北方地区吃不开，但嘴上虽这么说，他们感受到顺丰速运带来的无形压力。因此，也有人说，如果顺丰速运能够改变直营的经营模式，将会成为任何人都无法战胜的快递企业。

虽然顺丰速运的直营模式遭到很多人的诟病和怀疑，但"经济动物"王卫却显然有自己的看法，他也从来不在意别人用怎样的眼光看待自己。

在当时，顺丰旗下已经拥有3万多名员工，大部分都是直营模式下的揽收人员。这些人是顺丰速运发展的中流砥柱，更是顺丰速运赖以成功的基础。王卫也曾是快递收派员，他最了解快递员们的心理，知道他们渴望赚钱，赚钱也会为他们带来更大的工作动力。

采取直营方式的顺丰速运，所有收派员都由顺丰总部进行统一管理。总部会对客服进行控制，也就是说，货物的流向都掌控在总部手中。顺丰总部客服会统一对收派员进行客户分配，这样一来，客户的忠诚度就是只对顺丰速运这家企业，而不是对某一名快递员。

通过这样的管理模式，快递员对公司的依赖性将会更强。只有依附顺丰速运，他们才能同时获得高于同行业的薪金与福利，员工对于企业的忠诚度也大大增强。

对于快递企业来说，快递员是公司的主力军。在全面直营之后，王卫就将这些主力军牢牢地稳固在公司的组织基层。

维护住庞大的快递员群体需要一定的资金实力，王卫却从来不喜欢使用银行的钱。他建立新网点的资金全部来自于盈利公司。例如，他会利用浙江公司的盈利资金来建设位于浙江附近的上海公司，也会用广东公司赚到的钱去投资华东地区。

外界的猜测与怀疑，是因为王卫做的事情史无前例。人们总是认为，没有人做过的事情，就是很难成功的。也许，其中的困难的确有，但并非不能克服。王卫就要做第一个吃螃蟹的人，做人们不敢想的事情。

4.收放自如，只为更好地服务客户

经营企业是一个取舍的过程。全面直营最大的好处就是王卫可以将顺丰速运每一个营业网点的运营状况完全掌握在手里，并且可以让所有营业网点都以同样的步调向前迈进。即便是企业在必要的情况下需要转型，直营模式也可以保证顺丰速运的所有营业网点在转型过程中不掉队。正因为看清楚了这一点，王卫这次再难取舍也要走下去。

2012年，王卫敏锐地察觉到公司内部与市场上同时发生着异样的变动，之前的一年里，顺丰速运的传统业务并没有怎么增长，就连一些顺丰自认为比较好的服务也没有受到市场的广泛认可。

这一次的异常变化，在顺丰创立多年以来，从来没有出现过。尤其是全面回归直营之后，公司的发展势头一直一路高歌猛进，实现着快速增长。

针对这一异样，王卫也很快做了分析。他得出的最终结论是，顺丰速运目前的一些产品设计和市场评估有些过于自我，脱离了市场的实际需求。与顺丰速运的业务增长缓慢相比，当时整个快递行业都呈现一片大好的态势。这更让王卫确信，一定是顺丰自己出现了问题。

中国快递行业的这一轮迅猛发展，其首要因素是电子商务行业的兴起。中国的电子商务行业虽然已经诞生多年，但直到2011-2012年才真正迎来一轮爆发式增长。2011年的电子商务销售额几乎比2010年翻了五六番，而到了2012年，销售额更是比2011年还要翻了三四番。为此，王卫意识到顺丰速运必须转型。

决定在此时转型是一个比较恰当的时间点，无论更早或是更晚转型，都不会带来比现在转型更大的好处。而且，如果过早提出转型计划，恐怕公司内部也不会认可。

既然决定转型，王卫立刻为顺丰速运制定了一系列的转型决策。这些决策让顺丰速运的产品和服务变得更加丰富，首当其冲的变化，就是成立了前所未有的商业部门，这一部门也成为顺丰速运进入商业领域的有利渠道。

在快递业务类型方面，王卫也尝试着做出一些调整。之前，顺丰速运的订单以商务邮件为主，从转型开始，顺丰速运也尝试着在电子商务平台上扩大订单量的比重。

任何一次转型都不能保证效果立竿见影。顺丰速运的这一次转型，起初也遇到了一些挫折。多年以来，顺丰速运既有的服务模式已经形成，价格体系与电商快递之间并没有完美融合。想要提升电子商务平台的订单量，就必须针对电商客户给出一定的优惠。顺丰能给到的最低折扣是7折,这却并不能满足电商客户在快递费用方面的低价要求——至少给到5折的优惠。可惜,因为直营方式的存在,顺丰速运对于价格的把控一向严格,最终还是暂时没能实现大幅扩张电商快递业务量的计划。

不过这些瓶颈并没有难倒王卫。在分析企业发展中遇到的各种问题时,他喜欢用辩证的思维去思考。所谓辩证,就是要考虑到问题中的矛盾和对立面,之后再一一进行拆分、化解。

中国有一个词语叫做"舍得",其实这个词语完全可以拆分开来进行解释。"舍"的后面紧跟一个"得"字,意味着有"舍"才有"得"。为了让顺丰速运顺利完成这一次转型,王卫决定抱着敢"舍"的心态。因为如果不愿"舍",就永远不会"得";只有"大舍",才能"大得"。

众所周知,王卫是个谨慎的人。不过他觉得,谨慎并不会制约顺丰速运的发展速度,反而会起到促进和辅助的作用。对于他来说,谨慎和速度不仅不相互矛盾,反而有统一的地方。

顺丰速运的许多管理层人员都是从一线成长起来的。有人觉得,这些人员在某些领域的知识结构不够全面,王卫却觉得这些人员有着非常强的执行力,能够将公司的决策迅速执行下去。

凡事都有两面,没有哪一个人是完美的。任何一个人有弱项就必定有强项。王卫要做的,就是发掘每一个人的内在潜力,让这种潜力发扬光大。

在重视老员工的同时，王卫也不断地为顺丰注入新鲜血液。新老员工之间曾经出现过一些摩擦，新开展的业务与传统业务之间也不止一次地进行碰撞。在创新的过程中，王卫虽然经历了一些失败，但是他并没有因此而悲观。他曾主动在顺丰速运内部公开承认："2014年是顺丰创新最多的一年，但差不多有一半是不成功的。"

与创新相比，王卫的务实精神更加重要。创新等于是给顺丰速运一个试错的机会，当遭遇失败之后，王卫能指挥顺丰速运这艘大船迅速地调整方向。他坚持认为，电商快递还是要做，只不过在选择客户时要有针对性，尽量服务那些更长久、更稳定的客户。直营模式的优势越来越凸显出来——除了保证经营的稳定性和可控性外，还能保证服务质量与服务时效，增强客户的信赖感。如今，顺丰速运的全部快递网络、干支线运输、中转场和配送网点，甚至收派件的收入、成本、人员福利、添置设备的支出等一切业务，都由顺丰总部统一结算。直营模式让总部对于每一个业务环节都具有绝对的控制力，也让顺丰速运的管理更加规范，服务质量和客户体验都更优质。

截至2015年7月，顺丰速运已经拥有超过30万名员工，1.6万台运输车辆，19架自有全货机和超过12000个营业网点。

这些成绩有很大一部分要归功于当年的收权行动。可以说，1999年是顺丰速运的一个历史性转折点。

不过，在2015年之前，也有消息人士发出预测，说顺丰速运将在2015年全面改为加盟模式。这一消息的出现，等于是在行业内部点燃了一颗重磅炸弹。顺丰速运如果重新开放加盟模式，是不是等于走上曾经的老路，将面临快速膨胀与管理失控的风险？

这一消息也引来了许多相关人士的调查。了解之后才得知，所谓的全面开放加盟，是对顺丰发展策略的一次错误解读。当时，顺丰速运内部正在推进一个名为"顺丰伙伴计划"的项目，项目的内容中包含一点："今年外包10%，明年全部业务外包。"

顺丰速运很快出面澄清：外包并不等同于加盟，更不要说什么全面开放加盟。在这次活动中，并不包括外部企业的网店。

"顺丰伙伴计划"只是为了激发内部伙伴同行的创业计划。用顺丰速运的官方解释来说："从企业定位上说，算是品牌内涵的增长。"这并不是顺丰速运第一次采取这样的举动，早在2008年，顺丰速运就曾经引入干线、输单的外包合作。而这一次，则是在推行一种偏远地区的新型代理方式，激发员工的能量和市场敏锐度。

以员工为合作伙伴，是顺丰速运独创的一种开拓方式。顺丰员工也通过这一计划，"下乡"开店，在乡镇网点创业代理，既延伸了顺丰速运的网络体系，也能够帮助顺丰员工实现自己的创业梦想。

"顺丰伙伴计划"采取自愿报名的方式，还需要通过竞标、流程、考核和质量控制，必须实现与顺丰模式的严格统一。加盟者必须要去工商局办理营业执照，并且需要进行3个月的试运营，还要接受统一培训，就是为了保证新网点的可控运转。

对于顺丰速运来说，这一计划的开展，等于是增加了一种"内部加盟"的拓展方式。虽然类似加盟，但管理体系还是牢牢掌控在顺丰速运手中。实际上，这依然是一种直营式扩张。

王卫曾经不止一次说过，新的管理模式和组织架构将贴近新一代的互联网思维，逐步融入闭环管理体系中。

在此前，顺丰速运一直高速发展，得益于顺丰有一整套机制在推动，适合前期市场的发展。然而，任何一家企业的发展，都会遭遇瓶颈。想要继续发展，就必须想出一系列办法来突破瓶颈，那就需要更精细化的管理。

王卫觉得，鼓励顺丰速运的员工成为公司的合作伙伴可以增强公司内部的创业氛围。从2014年开始，顺丰速运就开展了顺丰下乡工程，短短一年的时间，就覆盖了13000多个乡镇，主要分布在华中、华西、华北区域。乡镇快件量在当时就已经占据顺丰速运总件量的10%左右。

对于顺丰速运来说，无论开展怎样的模式，都是一种尝试，也会不断进行调整。这符合王卫一贯的做事风格，除了收权行动，他很少采取硬量化的方法去做事，尤其是做规划。他也认为工作必须分步开展，各个地区的发展节奏也因当地实际情况而产生动态的差异。

全面直营后的顺丰速运在快递行业的发展一路高歌猛进，其多项快递服务质量在业内都排名第一，在客户心目中已经建立起良好的市场口碑和品牌形象。

以上的一切都足以证明，王卫当初决定改为全面直营是一个无比正确的决定。因为直营，所以专业。将一切都把控在自己手里，也是为了为客户提供更好的服务。

第六章
那些正确与错误的决定

1.天生的"经济动物"

王卫曾说,最初创业是为了养家糊口。不过,当顺丰速运越来越走上正轨,王卫的另一个目标似乎也越来越明晰,那就是要做国内最大、最强的物流企业。

在明确这一目标的同时,王卫也试图在多个方向寻找全新的发展机会。他是一个天生的"经济动物",对于经济有着与生俱来的敏感。

以前,一提到"经济动物"这个词,人们总是联想到隐含在其背后的许多贬义含义,例如金钱至上、恃财而骄、小富即奢、小富即淫、小富即安、为富不仁等等。的确,随着改革开放的深入,一些人渐渐由穷变富,之后就开始出现心理失衡的问题。一部分人在面对市场经济时,不仅短视,而且"弱视"。

而王卫这一"经济动物",则能够在一切优秀的成绩单面前保持清醒的头脑,不骄不躁,不动摇、不懈怠,努力缩小着物质文明与精神文明之间的差距。

2012年,顺丰优选正式上线。对于当时的顺丰来说,物流依然是重中之重的主营业务,顺丰优选则是一项"锦上添花"的业务。王卫希望通过顺丰优选让顺丰正式涉足电商行业，而他的最终目的则是为了积累终端经验，布局冷链市场。

通过顺丰优选，顺丰可以积累仓储和配送末端的经验。而在未来，这两点很可能会成为顺丰新的利润增长点。

顺丰优选的主营产品之一是生鲜食品，也就是新鲜的水果、蔬菜、海鲜和肉禽类产品等等。这些产品相对于普通产品具有极大的特殊性。首先就是不能在常温环境下长时间放置，否则就会腐烂、变质。在运送生鲜产品的过程中，温度是十分重要的，需要冷藏或者冷冻处理，才能保证产品的新鲜和健康。基于这一点，顺丰刚好可以加强在冷链运输方面的经验。

在2012年，中国的冷链市场几乎是一片空白，很少有专门从事冷链宅配的公司。王卫正是看准了这一机会，发现了这一不容小觑的市场，想要填补这个市场的空白，也为顺丰寻找一个全新的利润增长点。

冷链配送其实是一个十分复杂而又庞大的工程，不具备一定实力的物流企业根本不敢与这项配送业务沾边。它不仅需要巨大的运作成本，还需要企业承担巨大的风险。为了保证食品的新鲜，必须要保证冷链配送的连贯性与协调性。只要其中任何一个环节出了差错，都会直接影响到客户体验，形成不好的口碑。

顾客在购买生鲜产品时，追求的就是产品的新鲜与健康。如果在配送过程中不能控制好温度，产品的新鲜程度就会大打折扣，甚至变质。即便是企业愿意为这部分损失承担责任，也会令客户感到不满。

即使是一些大型的专业电子商务平台，在谈到冷链运输的时候也多少会有一丝胆怯。建立完善的冷链物流网络是一项浩大而又漫长的工程，几乎没有人可以在短时间之内建立起来，而顺丰却做到了。

也许，多年的快递物流运输经验为顺丰速运的冷链配送业务打下了坚实的基础。在华南和华东地区，顺丰速运还建立了专门的低温仓储库，负责配送生鲜食品，覆盖的城市范围在当时就已经超过10个。

顺丰优选积累下的温控经验也可以用于与其他电商企业的合作。当经验成熟，顺丰速运就可以大规模承接电子商务平台的生鲜产品配送业务。

冷链配送业务除了可以服务于生鲜产品，同样可以服务于对温度有着严格要求的药品。国家的药品运输市场渐渐开放，其中所包含的价值，许多从事快递物流的企业都能够看出来。可惜，因为实力不足，许多快递企业只能看着眼馋，却无力涉足。

顺丰速运的冷链配送经验一旦积累成熟，很快就可以接手药品配送业务，到时候，这块业务为顺丰速运带来的价值将高得难以估量。

之所以说王卫是一个天生的"经济动物"，是因为他对市场有着敏锐的直觉，并且懂得自己的优势与劣势在哪里，能够最大限度地发挥自己的优势，同时也发现市场上的空白点。

在进行商业决策与市场解码方面，王卫有着极大的把控能力。他的决策，是决定顺丰速运在快递物流行业的地位与生存寿命的最主要因素。

2013年，顺丰速运开始与电子商务平台进行正式合作。在此之前，身为中国快递市场龙头老大的顺丰速运一直与电子商务平台保持着一定的距离，而其他快递公司却全部都依靠电子商务的迅速发展而快速成长着。

的确，中国的快递市场有一半的份额都被电子商务占据着，难怪有人会认为，顺丰速运在此时才想起与电子商务结缘已经错过了最好的时机。然而，人们不知道，这正是王卫这个"经济动物"的敏锐之处。

当时，顺丰已经拥有了自己的航空公司和飞机，国内黄金时段的飞机腹仓已经被顺丰抢断。同时，在快递行业里，顺丰已经积累了足够优质的口碑，对于顺丰速运的服务质量，绝大多数客户都十分认可。

而且，与电子商务合作还是王卫一项未雨绸缪的打算。当时，国际快递巨头 UPS 和 FedEx 正在申请中国国内快递牌照，即将对国内的快递企业造成巨大的冲击。

UPS 在 1970 年诞生于美国华盛顿州西雅图，是一家全球性的公司，是世界上最大的快递承运商与包裹递送公司，也是运输、物流、资本与电子商务服务的领导型提供者。

FedEx 则是美国联邦快递，创立于 1971 年，在 220 个国家及地区都有服务，拥有超过 600 架飞机，以及 4 万多辆专用货车。据说，FedEx 的运输能力，达到每个工作日 320 万件包裹，以及超过 600 万磅的货物。

这两家快递行业中的翘楚企业，一旦进入中国市场，最先受到冲击的，必定是主营国内高端快递业务的 EMS 和顺丰速运。因此，顺丰速运在完善了高端快递定日达、国际件之后，更是对自己的体系、能力、系统、网络进行了逐步完善。切入电子商务领域，就是为了让自己的产品线更加丰富，盈利点更多。

在公路运输方面，顺丰速运也陆续开通了 562 条陆运线路，在中国范围内可以覆盖 29 个省市。如果说顺丰速运的空运服务张开了一张"天网"，那陆运服务就是张开了一张"地网"，天与地相互配合，让顺丰速运的服务范围更加完善，运营经验也更加丰富。

另外，进入电子商务市场之后，顺丰速运还提供了代收货款服务。这是其他快递公司无法开展的服务，也成为顺丰速运的一大优势。

同样是在 2004 年，王卫又在顺丰速运成立了市场部，其主要职责就是帮助业务员大力度开发市场。

因为在经济方面有着绝对的敏锐度，王卫也认识到，中国的民族企业已经呈现出迅猛的发展势头。

虽然是天生的"经济动物"，但王卫也并非不食人间烟火。对于管理企业，他一直保持着明确的思路，也会用高科技的先进设备武装自己的企业。他是一个具备经济眼光，同时又不乏社会责任感的企业家。

他很少对外人说起自己的事业，更少谈到自己的生活，就连顺丰速运开展的新业务，都不会四处去跟别人宣扬。王卫更看重的是产品服务本身，他知道，选择顺丰速运的商业客户们会因顺丰优秀的服务态度而成为顺丰的忠诚用户，不会为了几个广告就改变自己的选择。王卫相信，凭借自己的产品和服务形成的口碑，即使不去四处宣扬，也总会得到别人的认可。这便是王卫的商业思维，也许有些人很难接受他的想法，但王卫总是能凭借一次次成功向世人证明他的思维和决策的正确性。

2.与"7-11"结盟

2011年,家住在深圳市的居民发现,7-11便利店门外挂出了顺丰速运"授权代办点"的标志。这代表着顺丰速运正式与7-11便利店结盟,开始对快递行业的"最后一公里"业务发起冲刺。

顺丰速运与7-11便利店的正式合作开始于2011年10月16日,深圳市的大部分7-11便利店门店都开展了代办顺丰速运收发快递的业务。可以说,这是一种崭新的快递渠道模式,也让许多快递企业从中看到了快递行业的一条新出路。

7-11是全球最大的便利店,在中国的发展也相当迅速。仅是在北京一座城市,就拥有超过100家7-11便利店门店,并且其正在陆续向国内各大城市进军。

与7-11便利店的合作是顺丰速运与便利店行业合作的开始。除此之外,顺丰速运还计划与更多便利店品牌开展合作,推出更多寄送服务点。

在顺丰速运之前,只有邮政EMS一家快递公司与便利店开展过合作。早在2007年,广州的7-11就已经开始代理EMS业务,开展全天候收寄同城特快专递、国内特快专递以及国际特快专递文件类邮件的服务。只不过，EMS 与 7-11 便利店的合作并不包含包裹业务。而顺丰速运则以包裹为主。也就是说，顺丰速运开创了民营快递行业与便利店行业结盟的先例。

对于合作双方来说，这是一项双赢的合作。快递企业可以借助零售企业的网络渠道开展自己的业务，零售企业也可以通过快递行业的客户基础提升自己的客户流量。

针对 7-11 便利店，顺丰速运也给出了一定的优惠政策。通过 7-11 便利店寄同城快件及省内快件，首重的快递费可以便宜 2 元钱，省外航空件首重快递费则可以便宜 3 元至 7 元钱。如果续重，还有进一步的优惠政策。

顺丰速运与 7-11 便利店开展合作之后，大大地方便了客户收发快递。因为 7-11 便利店是 24 小时营业，因此在收发快递时，客户就没有了以前的时间限制。这也为许多比较看重隐私的客户提供了方便。许多客户并不喜欢快递员上门收派件，到便利店收发快递可以让客户感受到更私密、更安全的服务体验。

中国快递业与便利店业的合作，相对于日本和中国台湾地区，算是开展得相对比较晚的。在日本和中国台湾地区，快递业与便利店业的合作模式相对比较成熟，许多家快递企业都与便利店开展了长期合作。尤其是在台湾地区，便利店拥有庞大的门店网络。在台湾地区，便利店不仅是网购配送的主要渠道，当地居民亲友之间互送一些礼品或是水果，也会选择在便利店购买。

在台湾地区，统一商超一共授权了4800家7-11使用的黑猫宅急便，便是由统一集团与日本大和运输公司合资成立的统一速递运营。

在台湾地区，黑猫宅急便占有37%的小包裹市场份额，业务主要集中在B2C和C2C市场上，业务比例为7:3。仅这一项业务，就能为黑猫宅急便带来40亿元新台币的营收。

对于顺丰速运来说，黑猫宅急便的成功能够提供许多成功经验。摆在王卫面前的，只剩下最后一个难题，那就是对产品的采购、资源配置以及后台供应链的整合。对于快递企业来说，在物流方面具备绝对的优势，只要能够打通整个供应链，就能完美地开展这项跨界业务。

王卫之所以选择与便利店开展合作，有多种目的。首先，与便利店合作，可以帮助顺丰速运拓展经营渠道；同时，还可以降低人工成本、燃油成本，减轻顺丰速运的成本经营压力。当时，因为各种成本都在上涨，各大快递公司都迫不得已提高了快递费用。这小幅度的提高，快递公司依然赚不到利润，但是对于客户来说，却要花费更高的价格。快递公司提价是不得已的行为，业务量的激增要求快递企业必须在软件和硬件上同时加大投入，即便如此，还必须控制每天的业务量，才能保证尽快将快递送到客户手中。

如何在扩大收件业务量的同时降低快递成本，也是一直以来困扰王卫的事情。与7-11便利店开展合作，是王卫想到的其中一个解决办法。这样的方式，既可以实现人力资源的整合，也可以降低成本，实现利润共享。

对于许多快递企业来说，与便利店开展合作还存在着许多难点。例如，要培养消费者的习惯，对于便利店的要求也比较高。一般的便利店，面积都不算大，能够用来存放快递包裹的空间也十分有限。与此同时，快递企业与便利店之间还存在利润分配的问题。而这些问题对于顺丰速运来说却并不困难，因为这种全新的渠道模式，非常适合走高端路线的顺丰速运。

许多快递企业在接单的时候可以提供上门取件服务，但是在派件过程中，最后一公里就成为难题。他们不愿意挨家挨户将快件送到客户手中，总是找种种借口把快件放在某一处。即使客户在家，也要自己下楼到统一地点去取件，增添了许多不必要的麻烦。

还有一些客户因为暂时不在收件地点，无法及时取货，又找不到可以暂时代替客户保管快递的地方，只能让快递员改期派件。这两种问题让客户与快递员都苦不堪言。

借助零售企业的庞大门店网络，顺丰速运可以完美地解决快递行业"最后一公里"的寄送问题。而且，当时王卫也一直在筹划着建设自己的便利店网络，时刻准备向零售行业进军。如今的顺丰优选就是当年经过仔细思考与策划的产物。

当时，王卫在深圳选择了20多家7-11便利店作为试运行网点，之后又渐渐进入广州等大中型城市。王卫也为自己制订了几个计划，那就是在国内建设1000家这样的门店。

继7-11便利店之后，顺丰速运又从2011年12月1日开始与广州8字连锁便利店开展合作。首批与顺丰速运合作的8字便利店总共有48家，以收寄快递包裹业务为主。顺丰速运提供给8字便利店的快递价格，首重1公斤同城快递比标准价格便宜3元，省内1公斤首重价格则比标准快递便宜2元。

在广东省与便利店开展合作的成功，让王卫增添了将这种模式推广到全国的信心。按照王卫的计划，在2011年底，将与华润万家超市、百里臣便利店等更多零售便利店品牌开展合作，也让顺丰速运拥有更多的寄件服务点。

不过，也有业内人士分析，与便利店企业开展合作，虽然是顺丰速运扩大收发件网络的一种方式，但是他们猜测王卫其实还有更大的野心，那就是通过合作积累经验，最终直接掌握渠道资源。

人们的猜测的确有一些道理，通过与7-11便利店结盟合作的运营模式，王卫也萌生了开办顺丰自营便利店的想法。很快他就将这一想法付诸实践。

2014年5月，顺丰"嘿客"正式成立，几是一夜之间，深圳就开了20多家顺丰的便利店，除了收寄快递业务之外，还增加了日用品等零售业务。这是顺丰速运首次尝试实体零售业务，在此之前，王卫只尝试过网上商城，并且没有取得成功。一年以后，"嘿客"推出了2.0升级版门店。同时，原本的线上平台"顺丰优选"，也以系统集成的方式与"嘿客"正式合体。这也宣告着"顺丰商业"的版图正式成型。

升级后的"嘿客"叫做"顺丰家",其理念是主打"优选商品,服务到家",并且还特意将这八个字体现在招牌当中。

顺丰商业是顺风控股下属的资产业务,也就是说,顺丰商业与顺丰速运完全是两个独立的业务。许多人都在好奇,升级后的"顺丰家"在未来是否会正式替代"嘿客",顺丰商业未来的大战略布局又是怎样的。

关于顺丰优选的未来,顺丰控股也给出了解释。未来的顺丰优选一定会越来越"平台化",为更多商家提供全渠道的分销服务。同时将顺丰的社区网点和物流能力集合起来,让未来的商业模式更具规模化。

顺丰现有的资源就这样通过顺丰商业进行了完美整合。王卫意识到,除了要满足电子商务物流的配送需求之外,顺丰还应该争取更多与客户直接接触的机会。这个机会就可以通过线下实体店来提供,面对面地满足客户更多个性化的需求。这不仅是未来的发展趋势,更是能让顺丰商业与其他O2O模式区分开来的一大特点。

对于这些以"顺丰"为品牌的便利店,顺丰速运对外的说法是,只是为了给客户带来收寄快递包裹的便利,主要业务还是以快递为中心。

其实,开这样的便利店对于顺丰速运来说并不是难事,并且在某些程度上还能降低顺丰速运的运营成本。如果雇佣快递员来收派件，每个月要给每个快递员支付几千元甚至上万元的薪水。而开一间便利店，除了承担店铺的租金和水电费之外，可以实现一年365天24小时不间断的寄件服务。这样一来，发件的方式和发件的时间都变得相当灵活，可以降低顺丰速运的快递配送资源成本，并且可以在一定程度上补贴实地店铺的运营成本。

可事实并不如最初预想得那么顺利。顺丰自营便利店业务扩展到北京后，便遇到了一次挫折。北京通州区的顺丰自营便利店刚刚开业两个多月，在附近生活的顾客就发现，店内曾经摆放日用品的货架已经空空荡荡。虽然这家门店依然开展上门自取快递业务，但却不再提供商品零售业务。这家门店几乎是以无声无息的方式结束了商品零售业务，就像当初无声无息地开始营业一样。

很快，越来越多的通州区新华联家园的百姓都发现，开在他们住所附近的这家顺丰自营便利店又重新成为一家普通的顺丰快递网点。顾客可以在这家门店收寄快递，却再也不能购买日用品等商品。在经营的两个多月期间，这家网点一度可以提供购物满10元上门送货的业务，为附近的居民提供了很多便利。如今，随着零售业务的终止，这项服务也不再提供。

通州区新华联家园取消商品零售业务这件事，一时间也引来了外界的许多猜测。有人认为，顺丰速运结束了全部的商品零售业务，或者是结束了在北京地区开展的商品零售业务。不过，很快，顺丰速运就对此事做出了回应。他们只是取消了这一家门店的商品零售业务，快递业务依然正常进行。北京其他地区的顺丰自营便利店并没有关门，还在正常营业。而且，深圳、东莞、厦门等地，顺丰自营便利店的业务依然在如火如荼地开展。

通州区新华联家园门店取消商品零售业务，只是顺丰自营便利店当中的一个个例。一段时间以后，顺丰速运终于给出了结束这项业务的理由。原来，这家门店的选址并不是很成功，在它的附近存在着太多竞争者。仅仅是在新华联家园顺丰自营便利店所在的街道，就分布着近十家便利店。距顺丰自营便利店不到200米处，还有一家华联超市。竞争对手多，就意味着竞争十分激烈。与这些竞争对手相比，顺丰自营便利店的面积较小，价格也相对较高。这些劣势导致了顾客很少光顾，大部分顾客只是在这里选择收寄快递包裹邮件的业务，直接导致这家门店的商品零售业务难以维持下去。

这一家门店的失败，让王卫很快就清醒地意识到，快递业与零售业捆绑的方式虽好，却并不一定适用于所有地区。

但是通过一段时间的摸索与努力，"嘿客"已经成功把顺丰快件末端和门店结合起来，并且已经具备巨大的商业价值。王卫坚信，B2C是市场未来的发展方向，与顺丰原有的B2B业务不同。布局顺丰商业，就是为了更好地服务个人消费者，因此嘿客的经营模式也不是统一的，而是会根据社区消费者的生活习惯和消费习惯进行调整。

在未来，现代物流综合服务商才是最大的发展趋势。因此，顺丰速运追求一种模式上的转型，就是为了跟上行业趋势。因为拥有强大的物流基因，再加上庞大的线下网络资源以及海量客户数据分析，顺丰可以完美地走出跨界经营这一步。

3.服务是最好的广告

许多事情表面上看似简单，而当实际去完成时，才发现需要投入的成本和精力远远超乎了自己的想象。当阻力到来时，许多人选择了知难而退，投入"即时的快乐"中，最终换来的是喜悦之后的空虚。只有迎难而上的人，才能体会到成功到来那一刻的惬意和满足。

作为快递企业，顺丰速运一直追求速度上的领先一步。不过，王卫早就意识到，速度快虽然重要，让客户感受到的服务质量同等重要。于是，在其他快递公司忙着大量接收订单，提高企业利润的时候，王卫勇敢地选择让顺丰速运的发展脚步慢下来，去提升服务质量。为此，王卫推掉了许多高额订单，不仅外界不理解他这样做的目的，就连顺丰速运内部的一些人也不明白他这样做是为了什么。只有王卫自己心中清楚，他已经安排好了顺丰速运的下一步发展计划。

其实，做出提升服务质量这一决定，也是通过一些失误摸索出来的经验。

2008年，正在迅猛发展的顺丰速运，卷入了一起投诉案。这起投诉案闹得动静很大，并且还被刊登在了报纸上。

具体的事情经过是这样的：一位姓夏的先生，通过顺丰速运托运一批手机，总价值在 10 万元左右。可是，当收件人接到货物的时候，却发现包裹的重量不对，比原本的重量轻了许多，所以没有签收，就把包裹退了回来。当寄件人夏先生收到退回来的包裹时，也发现重量轻了不少，于是立刻拆开包裹检查，发现里面少了许多部手机。夏先生立刻到顺丰速运进行投诉，这才发现，有这样遭遇的客户还不止他一个。

按照顺丰速运规定的索赔办法，夏先生可以获得一万元赔偿金，但是这些钱用来赔偿那些丢掉的手机是远远不够的。对此，夏先生表示出强烈的不满，然而顺丰速运当时给出的解释是，客户在邮寄贵重包裹的同时，应该选择保价，如果这样，就可以按照损失货物的原价进行赔偿。如果没有选择保价，就按照运费的 5 倍价格进行赔偿。

然而，夏先生也发现了一个问题，那就是快递单上明确写着，每单货物的价格不能超过两万元，因此他才将自己的遭遇在媒体上公开。

无独有偶，2013 年一位姓刘的先生通过顺丰速运寄出一箱海鲜。在寄件时，刘先生再三向顺丰速运确认，海鲜是否能在当天寄到。顺丰速运告诉刘先生，不能保证当天寄到，但明天一定可以到，并且还对刘先生做出了保证。

可是，到了第二天，刘先生的朋友并没有收到这箱海鲜。原来，这箱海鲜被放在了仓库里，并没有寄出去。直到第三天，刘先生的朋友才终于收到这箱海鲜。

在那段时间里，关于顺丰速运货物丢失、快件延误、快件损坏、快递员服务态度差的投诉时有发生。为此，王卫也一直在寻找解决办法。

他不愿让客户承担相关的一切损失，只能不断地提高顺丰速运快递员的个人素质与服务质量，同时还不断地对顺丰速运的物流管理系统和内部机制进行改进，希望让信息化来带动公司的管理，让顺丰速运在具备速度优势的同时，具备高质量的服务。

快递行业不是一锤子买卖，很多业务都是在靠老顾客支撑。如果不能为客户提供高质量的服务，不能保证快递货物的安全，这些老顾客很快就会流失掉，客户对这家快递企业也会渐渐失去信赖。

在改进服务质量这一块，王卫始终抱着积极的态度。在充分发挥顺丰速运核心竞争力的同时，他善于发现自身的短处，并积极地进行改进，避免在激烈的市场竞争中被淘汰。

从2009年开始，在"快递企业总体满意度和得分"榜上，顺丰速运连续8年排名第一，得分84.6，分数远远超过其他国内竞争对手。在快递服务申诉率方面，顺丰速运也远远低于国内同行。在2016年度，顺丰速运月平均申诉率为3.42件，而全国快递行业的月平均申诉率则为9.32件。

顺丰速运的快递服务时效之快是众所周知的。2017年1月，国家邮政局对行业中10家快递公司全程时限、寄出地处理时限、运输时限等6个指标进行了评比，顺丰速运在这6项指标中全部排名第一，连续4年在国家邮政局发布的快递全程时效排名中位列第一。

这种种成绩带来的结果自然是市场良好的口碑以及优秀的客户黏

度，继而带来了收入的持续稳定增长。

在王卫的心目中，客户永远排在第一位。"快""准时""安全"也成为顺丰速运的代名词。在企业客户和中高端客户当中，顺丰速运成为他们的首选快递品牌。这三个代名词也成为顺丰速运的产品优势以及综合能力优势。顺丰速运不仅能为中高端客户提供高质量的物流服务，还能根据部分客户的需求，提供库存管理、协助销售预测、供应链对账结算等一体化综合解决方案。即使是在快递物流运输的高峰期，顺丰也能够保证服务质量和时效。

电子商务快递市场的竞争日益激烈，顺丰速递始终坚持为客户提供高质量、全方位的综合物流服务，让客户感受到极致的快递服务体验。

针对中高端客户，顺丰速运采用差异化策略，通过大数据分析，能够实现合理分仓调配，大大压缩了运输时间，提升发货速度、配送频率以及配送时效。这让顺丰速运无论是在传统商务快递市场，还是中高端电商快递市场，都保持着行业领先地位。2013年，对于快递行业来说，是一个订单量爆发的年头。那一年，各大电子商务网站纷纷搞起促销活动，降价被作为主要策略，也让消费者享受了一次疯狂网购的快感。因为网购订单量的增长，许多快递企业都濒临"爆仓"的边缘。

对于订单量突如其来的增长，许多快递企业并没有充足的准备。他们没有想到订单数量会远远超过他们的仓库和派送承载能力，导致大量快递被积压在仓储中心和转运中心，快递网络一度濒临崩溃的边缘。

快递企业一旦出现"爆仓"的情况，直接导致的后果就是不能继续接收订单，已经接收的订单又不能及时派送出去，仓库中积压着大量等待派送的货物，如果保管不善，还会出现货物丢失的情况。

为此，许多快递企业的信誉都大打折扣，客户们抱怨纷纷，投诉电话一个接一个打来。因为派送压力太大，快递员的心情和体力也受到极大的负面影响。对待客户时，他们变得没有耐心，情绪也非常急躁，这更让客户对快递企业产生了各种各样的不满情绪。

在那段时间里，许多民营快递企业都陷入了客户满意度的危机。然而，因为订单量实在太大，他们根本没有多余的精力去考虑怎样化解这些危机，重新赢得客户的信赖，一度陷入了一个恶性循环，很久都无法摆脱。

而顺丰速运的企业形象在这个时候却大大地提高了。越来越多的客户看中了顺丰速运的速度和服务态度，选择将顺丰速运当做专用的快递合作伙伴，既提高了顺丰速运的企业形象，也增加了顺丰速运的业务量，更收获了许多客户的好评。

这一切都源于王卫对服务质量的看重。他积极地学习国外的先进技术和经验，并运用到自己的企业中。他知道，在重视产品质量与服务质量这一点上，德国和日本的企业做得非常出色。德国的机械化产品以技术严谨与质量过硬而风靡一时。直到今天，德国人依然以严谨而著称，德国许多种类的产品也在全球市场上受到广泛好评。而在服务质量上面，日本的企业则值得许多企业学习。日本人比较注重礼仪与礼貌，尤其是服务行业，更是能让客户感受到贴心与周到。日本生产类企业也大多追求产品的精致，在国际上具备强大的竞争优势。

从德国与日本的企业身上，王卫也发现了顺丰速运的一些不足之处。于是，他将改正这些不足当成自己在未来一段时间里的使命。

这足以证明，将产品质量与服务质量做到极致，才能获得起消费者的信赖。这也是企业获得更多利润的根源。不在乎产品质量与服务质量的企业，哪怕曾经受到消费者的追捧，也只能昙花一现，最终被市场淘汰。

一些企业在产品质量出现问题时，不仅不及时承认错误、承担责任，反而试图把责任推到别人身上。这样的态度遭到了消费者的强烈抵制。消费者的愤怒与差评足以把这些企业送到灭亡的路上，它们将难逃从市场上消失的命运。

任何一种产品和服务都与人们的生活息息相关。看重产品质量与服务质量的企业，也是把客户的安全和生活质量放在第一位。只有尊重客户的企业，才能受到客户的尊重。在质量面前，没有小事，更不容忽视。即使有质量问题出现，也要积极妥善地解决，挽回消费者的损失，也是挽回消费者的信任。

4.好口碑是如何经营出来的

随着网络化的发展，企业的信誉度也变得越来越透明。消费者在大量选择网购的同时，也会将自己的购物体验分享在网络上，对快递企业的满意程度也变得公开化和透明化。

许多企业将信誉度也当做一种营销手段。消费者在选择购买产品和服务时，也会对这家企业的信誉度进行一番调查。起初，王卫并没有意识到服务质量也会成为一种营销手段。他还是像从前一样埋头苦干，每天接送更多的快件，提升自己的速度，希望自己能够比别人做得更好。

随着企业的发展，王卫越来越觉得，适当的营销手段是必不可少的。不过，他并不打算去大力宣传顺丰速运的品牌，而是在服务质量上下足了功夫。渐渐地，顺丰速运不同于其他快递企业的独特性显露出来了，这也让顺丰速运在快递市场上占据了更多的份额。

王卫通过提升顺丰速运的服务质量，将公司的品牌融入消费者的生活当中。他几乎没有投入任何广告和宣传方面的费用，就让顺丰速运成为快递行业的高端品牌。

感受过顺丰速运服务质量的客户会将自己的感受分享给自己身边的人。顺丰速运的优势就这样通过口碑相传，在客户中形成了一定的知名度。

客户越是认可顺丰速运，王卫对服务质量就越是看重。他知道，打造好的服务，就是打造好的企业品牌。于是，他更加注重培养顺丰速运的服务特色，形成独有的服务体系，让其他快递企业无法超越顺丰速运的高度。

在顺丰速运内部，有一种独特的员工评分制度。在顺丰速运的员工手册里，也有这样一条嘉奖条例："注意仪容仪表，讲究礼节礼貌，言行文明，受到客户书面表扬并证实的。"这是为了激励员工为客户提供更优质量的服务。顺丰速运的员工们在这样一条嘉奖措施的激励下，也在提升顺丰速运服务质量方面做出了极大的努力。

好的口碑是用心经营的结果。许多人在提到哪家快递企业会更快、更优地送达时，都会不约而同地说出"顺丰"的名字。对于顺丰速运的口碑，王卫可谓是用心良苦。在这一点上，他选对了方法，并且坚持不懈地做了下去。无论最初的起点有多低，都能通过自己的用心和努力爬到行业的巅峰。

用心对待客户也成为顺丰速运的企业精神之一。顺丰速运的员工们，每天探讨得最多的，也是怎样才能让自己的服务质量得到提高。这在无形之中形成了一股企业的凝聚力，同时也提高了企业的外部竞争力。

现在早已经不再是靠宣传取胜的年代，理念与观念同样重要，是否对客户用心也是企业成功的制胜因素。许多同行业企业，在产品上大同小异，功能上也相差无几，只有在服务上更加用心，并且让消费者感受到他们的用心，才能获得消费者的认同。

许多人觉得，快递行业是很难做出高质量服务的，因为快递员的个人素质参差不齐，文化水平大多处在中低等的水平。有人曾经做过一番快递从业人员调查，发现大多数快递员都不具备较高的学历，曾经从事的职业也大多处于社会底层，因此得出结论，想要提升快递行业的服务质量，难上加难。

而王卫却将不可能变成了可能。从成立之初，顺丰速运就是一家专注于提升服务质量的快递企业。当顺丰速运开始向全国范围内扩展时，更是将这份专注做到了极致。

当时，顺丰速运刚刚进入北京市场，并没有足够的资本在市区的每个角落都分布上顺丰速运的网点。在北京朝阳区，只有一家顺丰速运的营业网点。曾经有一次，顺丰速运的一名快递员为了将货物安全地送到收件人手里，竟然骑着自行车，一路从国贸骑到了昌平，骑行了47公里的路程。

就是这样的专注与用心，提升了顺丰速运在消费者心目中的形象。虽然当时的那名员工如今已经离开了顺丰速运，但是他一门心思为客户服务的精神却传承了下来。王卫觉得，服务质量就是对企业最好的营销方式。因此，他从来不为顺丰速运打广告，以至于许多不了解快递行业的人并不知道还有顺丰速运这样一家快递企业。可这并没有让顺丰速运的订单量因此而减少，反而让顺丰速运成了许多人的首选快递公司。

　　顺丰速运能够拥有今天这样强大的实力，与每一位员工的默默付出息息相关。他们对服务质量的看重，才打造出顺丰速运的口碑效应。这也成为顺丰速运独有的一种营销方式，让顺丰速运拥有了"快递帝国"的美誉。

　　王卫对顺丰速运的每一个快递员在服务质量方面都提出相同的高要求。不过，毕竟每个快递员面对的顾客不同，对于快递员服务质量的优劣，每个客户也都有属于自己的不同看法。尤其是在快递员的言谈举止方面，虽然顺丰速运能够做到整齐划一，但是看在不同的顾客眼中，还是会做出不同的评价。

　　想要做到让每一个客户都满意，是一件几乎不可能完成的任务，而王卫还是想要在现有的服务质量上做得更好。为此，顺丰速运开辟了高科技服务系统，有了这套系统，即使顺丰速运的快递员没能在收发快递时做到让客户百分之百满意，客户依然可以从这套系统中感受到顺丰速运在服务质量方面的用心和专注。

　　客户的需求被顺丰速运当做自己的需求。除了能够为客户提供快递服务之外，顺丰速运还可以为客户提供仓储管理、销售预测、大数据分析、结算管理等一体化的综合物流服务。

　　为了保证快速解答客户的疑问以及满足客户的下单要求，顺丰速运在终端客服网络方面建立了9个独立呼叫中心，每天可以提供115万人次的话务服务，并确保在接通客户电话时，以亲切的语气对待，给客户以可靠的感觉。

除此之外，顺丰速运还开通了多种24小时自助服务方式。除了顺丰官网和微信公众号之外，还开发了大客户发件系统、会员系统、APP手机客户端等。通过这些方式，客户可以方便快捷地解答自己的疑问、自助下单、跟踪快件信息、在网上全程把控货物的运送情况等。对于客户来说，这是一项非常贴心的服务。顺丰速运总是在方方面面做到比别人更加精致，让客户更加满意。

其他快递公司虽然也采用了与顺丰速运类似的服务系统，但是在细节方面还是没有顺丰速运做得完善。许多快递服务系统只能查询到货物在几个小时前，甚至在一天前的动向，而顺丰速运的服务系统却可以让顾客清晰地了解到货物现在所处的位置，处于运送过程中的哪一个地方。对于自己收发的货物动向，完全做到了如指掌。

说到底，快递行业还是一个提供服务的行业。员工提供的服务质量，决定了客户是否会将这家快递企业列入自己的选择范围。如今，消费者在选择服务时，越来越重视服务的细节体验。因此，快递企业在细节服务上的投入是否到位，也决定了这家企业是否具备超越同行的竞争力。

有些服务细节在一些企业看来是微不足道的，可这并没有成为让顺丰速运忽视服务细节的理由。顺丰速运的快递员在将货物安全送达收件人手中之后，还会多停留5分钟。利用这5分钟的时间，他们会将刚才收件人的姓名和收件时间详细记录下来，随后传送给寄件人。这样做的目的，不仅是为了让寄件人能够安心，也是为了及时发现派送过程中的错误，方便及时将派送错的货物追回。而这一点，许多快递企业都没有做到。

顺丰除了十分注重快递人员的服务细节外，同时也十分注重客服人员的服务质量。曾经的顺丰速运，是个既没有统一的标识，也没有统一着装的"老鼠会"。如今的顺丰速运，不止完成了标识与快递员服装的统一，就连客服部门的工作人员也全部穿着统一的白衬衣和黑西装，并且清一色的都是青春靓丽的女孩，显得井然有序、朝气蓬勃。

客服部的女孩子们都在各自的小隔间里有条不紊地工作，她们戴着耳机和耳麦，接听一个个客户来电，用礼貌而又温柔的话语解答客户的各种疑问，轻声细语之间，又能让客户感受到她们对于客服工作的严谨和认真。

顺丰速运的一体化服务系统在日益完善，王卫也更加严格地要求员工们要注重与客户的交流，用最优质的服务给客户留下良好的印象。同时，对于客户提出的反馈也要更加重视，这些反馈有利于顺丰速运在服务方面进行不断改进。

在配送系统方面，顺丰速运可以说同样做到了极致。例如现在的顺丰优选，每次派送货物时，驾驶员的旁边一定还会配上一名单独的客户经理；在硬件设施方面，则又专门配备了可以冷藏、冷冻、零度保鲜的机器。

当货物送到小区门口，客户经理会将货物放入保鲜包当中，再送到收货人手中。之后，客户经理还会拿出随身佩带的iPad，顾客可以通过iPad进行收货处理，同时在体验过产品之后立即做出反馈。

许多客户觉得，顺丰优选负责配送货物的员工显得非常时尚。他们穿着统一的蓝衣黑裤，背着时尚的背包，让购买产品的客户觉得自己也走在了时尚的前沿。在派送货物时，快递员的态度也显得非常诚恳。他们会主动提出请收货人开箱验货，确认货物质量，让客户感觉非常贴心与放心。

在快递企业，快递员可以说是员工数量最庞大的一个岗位，在企业里占据着十分重要的分量。如果想了解一家快递公司的形象和管理水平，只要看这家公司快递员的工作态度就能一目了然。

顺丰速运的客户投诉机制是非常严格的，只要一个快递员出现一个有问题的快件，或者被投诉几次，就必须离开顺丰。为此，顺丰速运的快递员也是最任劳任怨的一批人。他们无论多累，都会以最快的速度奔跑，按时把快件送到客户手中。有时候赶上没有电梯的居民楼，他们无论扛着多么沉的包裹，也要爬楼梯送到门口。如果遇上一些脾气不好或是不讲道理的客户，哪怕听到再难听的话，他们都会默默忍耐。这一切都是为了维护顺丰速运的企业形象。

这就是王卫将服务当做最好的营销的一种表达方式。他用真诚与尊重对待每一个客户，不惜为他们做出长远的承诺，保证客户的利益，也是为了保证顺丰速运的利益。在王卫看来，客户与顺丰速运是一个利益共同体，只有保证了客户的利益，才能让客户在心中为顺丰速运留有一席之地。

对于许多客户来说，低价并不是最重要的。他们需要的是感受到良好的服务，感受到自己受到尊重，这一点比低价更加重要，也会让他们觉得自己购买的产品和服务物有所值。

市场竞争是激烈的，也是残酷的。只有能够提供高质量服务的企业，才能获得庞大而又稳定的客户群，获得长期的利益。像王卫这样，永远将客户的利益放在第一位，将更多的投入都放在提高服务质量上面，取得的效果与口碑比任何广告都更加有意义。

而决定服务质量的，是企业的员工。所以，对待员工，顺丰一直奉行着严格的员工管理制度。

在《员工手册》里，记录着顺丰速运的企业精神和文化，同时还记录着公司的行政条例和扣分制度。按照顺丰速运的规定，每一个员工都有一定数目的积分，一旦犯了在《员工手册》上明确记录的错误，都会按照扣分制度进行扣分。一旦扣到零分，这名员工就会被顺丰速运开除。每一项错误的扣分数量，也会根据错误的严重程度而定。不过，这项扣分制度，细致到涵盖了员工的仪容仪表，就连指甲过长都会被扣除相应的分数。

在严格的奖惩制度与激励措施之下，王卫也渐渐地掌握到企业管理的精髓。他懂得如何人尽其才，让每一名员工都做好自己分内的工作，并不要求他们额外付出。只要他们能在自己的本职岗位上尽职尽责，就能最大限度地减少企业的内耗，同时满足企业的实际需要，有助于企业的良性发展。

在顺丰速运内部，不同级别、不同岗位都会设立相应的岗位职责。这份岗位职责会明确到细节，既对员工的工作产生监督与约束的作用，同时也会起到激励的效果，有助于提高员工的工作积极性。

按照公司制度，员工之间可以相互沟通、相互学习，公司也愿意为他们提供这方面的便利条件。如果在行业领域内产生新的知识与新的技术，公司也会组织相关员工统一进行学习，提升他们的业务水平。

在这样的公司里，员工能够感受到自己是百分之百受到尊重的。任何一个有才华的人在这样的公司里都不会被埋没，他们能够找到施展自己才华的地方，也会因自己的才华而收到应得的回报。

种种正面效应产生的结果，就是员工对于自己所在的企业会更加忠诚，从而保证公司优秀人才不会流失。

随着公司的发展壮大，所设置的部门和智能层级也必定会越来越多。对于企业管理者来说，管理好庞大的员工层级分支并不是一件容易的事情。尤其是部门与部门之间的合作与矛盾，处理起来就十分令人头疼。而且，随着公司人员的增多，管理的成本也会大幅度提升。与此同时，执行效率反而会降低。因此，管理不仅是一门艺术，更是一种智慧。

想要提高管理效率，就必须优化组织结构，精简管理流程。这是王卫渐渐意识到的真理。在顺丰速运内部，绝不允许出现类似官僚化的思想，即便处于管理层，也应该做好自己的本职工作。王卫觉得，顺丰速运这家公司与员工之间是工作分配的关系，而不是劳务关系。

足以见得，王卫的管理理念是朴素的、接地气的，他能够设身处地的站在员工角度思考问题。同时，他的管理理念也是智慧的，他能够和谐地好处理企业与员工之间的关系，恰到好处运用严格而又人性化的管理艺术。也正是王卫对于人员管理的这种创新观念，使得企业摒除了许多传统企业在日常管理中的弊端。而员工在获得了更多的尊重后，工作能动性大大提高，企业运转效率自然是水涨船高。

第七章
公司价值观的缩影

1.利益共同体

管理是一门艺术，员工管理更是在艺术的氛围中多了一层技术与智慧的因素。一些企业的管理者在员工面前会端起十足的领导架子。而王卫并不希望顺丰速运的员工将自己当成领导，他希望能和员工们成为朋友，也和他们成为利益共同体。

如果员工能够感受到自己的利益与企业的利益是一体的，就会更加愿意为企业的发展做出更多的努力。企业有稳定的利润，员工就一定不会被亏待。员工和老板一条心，将公司当成自己的公司，这才能让公司走上良性循环的道路。

顺丰速运如何让员工觉得自己是公司的利益共同体？这背后还有许多不为人知的小故事。早在2003年，一名应届大学毕业生加入了顺丰速运北京地区，这是顺丰速运的第一个大学生员工。这个初来乍到的小伙子心怀着远大的抱负，希望能够成为一名专业技术与管理水平都过硬的职业经理人。不过，踏入社会的那一刻，他才清楚地看到理想与现实之间存在着多么大的差距。

应聘之后，这名小伙子成为顺丰速运的一名IT工程师。按照顺丰速运的规定，任何岗位的员工，进入公司之后，都要先做3个月的快递员，即使转正之后，也要经常到一线去体验。

北京的房价向来很高，房租也不便宜。这名小伙子在顺丰速运拿到的第一个月工资只有700元钱。这点钱光是用来租房子都不够，更不要提生活了。于是，他选择住在公司里。公司里没有舒服的床，他只能随便搭一张床来睡觉。就这样，坚持了两个月之后，小伙子的工资涨了300元钱。

即便如此，他对自己现在的这份工作还是不太满意。刚刚大学毕业的他，对于自己的未来踌躇满志，不可能甘心一辈子从事快递工作。于是，他心中开始暗暗考虑辞职的事情。

有一天，小伙子无意中收到了顺丰速运总部通过传真机传来的几篇文章，他只是随手拿起来看了看，却没想到，这几篇文章改变了他的命运。

文章中所写的是顺丰速运未来的发展战略以及公司的管理制度等。每一个词汇，每一个文字，并不华丽，却能够瞬间渗透进小伙子的心里。文章的落款署着王卫的名字，当时小伙子并不知道，王卫就是顺丰速运的掌门人。他只是觉得，写这些文章的人，既有水平，又实在。

当他无意中得知王卫的真实身份之后，更对顺丰速运这家企业心生敬佩。他有些庆幸自己能够加入这样的公司，辞职的念头也荡然无存了，他开始下定决心，无论如何都要留在顺丰速运继续发展下去。因为那几篇文章，他对王卫产生了一种莫名的信赖，觉得跟着这样的老板做事，一定不会错。

果然，顺丰速运的发展没有让这名小伙子失望。在王卫的带领下，顺丰速运一路狂奔，终于坐上了中国民营快递企业的头把交椅。而这名小伙子在公司里也获得了许多成长和发展的机会。他凭借自己的努力和顺丰速运的培养，没过几年就成为北京地区运营部的基层管理人员。又过了不到半年，他就成为一名主管。从那之后，这名小伙子的职业生涯每隔一段时间，就会迈上一个新台阶。后来，他成为顺丰速运的高级经理，负责整个北京地区的顺丰速运运营工作。

能够让员工心甘情愿地长久留在公司里，这就足以证明，顺丰速运就是将员工当成企业的利益共同体。这家公司能让员工看到自己未来的发展，时刻感受到自己在这家公司里获得的成长。

顺丰速运是个没有天花板的企业，员工的发展也没有上限。只要具备一定的工作能力以及为客户提供优质服务的态度，无论是司机还是基层快递员，都有坐上管理者位置的可能。随着公司发展规模的壮大，顺丰速运也能够提供越来越多的工作岗位。许多愿意为美好人生付出努力的人，通过加入顺丰速运，开启了自己美好的生活。

与此同时，顺丰速运对于员工的成长也十分看重。王卫一直倡导"以人为本"，希望顺丰速运能为每一个有能力的人敞开大门，无条件地帮助他们成长。员工需要企业的培养，企业也同样需要有能力的员工。这样一来，员工与企业不仅是利益共同体，还是相辅相成的关系。想要为客户提供优质的服务，就必须先培养出优秀的工作人员。越是激烈的市场竞争环境，越是要将培养员工当成企业的一项重要任务。

王卫从来不会在意员工曾经的出身，只要是有能力、值得信赖的人，哪怕他刚刚步入社会，或是从来没有从事过任何有技术含量的工作，他也会对他们用心培养，并且敢于委以重任，督促着他们成为这个社会必不可少的人才。

对于员工，王卫给予了绝对的尊重。无论市场怎样变化，企业的策略怎样变化，他对员工的尊重与重视之心是从未改变过的。

因为将员工当做利益共同体，王卫似乎很少感受到身边没有可用之才的苦恼。许多公司都面临人才流失，招聘不到优秀人才的局面，顺丰速运却总是有大批的人才，甚至还有大批有潜力的人才正在培养的过程中。

王卫是一个懂得管理艺术的领导，善于倾听员工的心声，也懂得如何去释放自己的影响力。只要领导做到设身处地地为员工着想，就能够获得员工的信任。任何一名员工都愿意为一个具备无限发展空间的企业努力工作。

在王卫的心目中，顺丰速运的员工不止是企业的共同体，更是企业的亲密伙伴，甚至是亲人。

曾经有一个女孩子在顺丰速运工作了6年，经历了恋爱、结婚，并即将成为一名幸福的妈妈。她的爱人在外地工作，因此在怀孕时期，只有她一个人照顾自己。忽然有一天，女孩发现自己的视力开始下降，到医院检查之后发现，眼睛出现了炎症，必须每天到医院打抗生素进行治疗。治疗了一段时间之后，症状非但没有好转，反而越来越严重。怀孕与眼病的双重折磨让女孩痛苦不堪。她承受着肉体与精神的双重痛苦，一度走到了崩溃的边缘。

就在此时，同事们得知了她的遭遇，主动提出帮她分担工作上的压力，保证她在工作期间能轻松一些。同时，一些住得离她比较近的同事担心她一个人在家里胡思乱想，就经常上门陪她聊天，或是把她拉到自己家里去做客。

每当到了产检的时候，同事们就代替她的老公，陪着她去医院检查。等到孩子快出生的时候，女孩需要回家静养，公司的领导和同事们还经常提着营养品来看望她。

女孩再也没有了当初的无助与抱怨，她被一种满满的幸福感包围着。她觉得自己的同事们简直比亲人还要亲，因此在顺丰速运的内部论坛里，她写下了这样一句话："加入顺丰，真好！"没有任何华丽的言语，朴实的字句代表了女孩真实的心声。

这足以证明，顺丰速运是一家有团队凝聚力的企业，这也少不了王卫在背后付出的努力。他总是告诉员工们，只有让顺丰速运成为受人尊敬的企业，顺丰的员工才会成为让人尊敬的人，从而在工作中感受到极大的尊严。

这样的话给了员工极大的动力，他们抱起团来，齐头并进。

王卫是一个从不喜欢对别人谈及私事的人，不过对于自己的员工却是例外。在顺丰速运的内部刊物上，王卫曾经讲述过自己的经历，希望以这样的方式拉近与员工之间的距离。

他曾经这样写道:"我觉得我算比较幸运的,在合适的时间进入合适的行业,而与此同时,自己之前的经历和锻炼培养出来的素质能力,又恰好与这个行业发展需要相匹配。举个例子,我很小的时候从内地去香港,之后从事快递行业又自香港回到内地,等我22岁创立顺丰的时候,已经经历了很多事,而且,这些人生经历是其他人很难具备的。"

面对顺丰速运的员工,王卫不仅愿意讲述自己创业的感受,更愿意讲述自己踏入社会以来遇到的种种经历。

他告诉顺丰速运的员工,自己曾经进入一些家族企业工作,亲眼见证过家族企业的成员们为了个人的利益而勾心斗角,甚至有时候还会把他牵扯进去。因此,王卫对于溜须拍马和拉关系的行为一直十分痛恨。在顺丰速运,职位提升最快的员工,从来都不是靠溜须拍马上位的。他们必须有真正的能力,也具备诚恳的态度。顺丰速运是一个充满正能量的企业,在这样的企业里,员工的凝聚力才会更强。他们彼此尊重,彼此信任,也相信团队的力量。

在顺丰速运的一个网点,有一个小伙子从大学毕业就一直在那里工作,一连干了5年。他的职务只是一名基层的管理者,虽然顶着管理者的头衔,他的工作却并没有别人想象的那样轻松。每天,他除了要处理好所在网点的各项事务,还要外出拜访客户,维护与客户之间的良好关系。当快递数量增多,快递员和仓库管理员忙不过来的时候,他还要帮他们搬货、分配快件和货物。

像这样的工作人员，很难去为他的工作内容定性。因为他每天要负责的事情不仅多，而且杂，有一些甚至远远超出了他的工作范围。但是为了公司的发展，他却从没有怨言，一直任劳任怨地做着一切。

在应对繁忙的工作的同时，这个小伙子还要忙着参加公司的考核。考核的内容包括网点的业务数量和质量、分派速度、客户投诉等等。

当王卫了解到这名小伙子的实际工作情况后，不仅立刻对他表现出充分的欣赏，与此同时也心生一份歉意。王卫觉得，一定是公司的制度还存在某些欠缺的地方，才让基层的工作人员这么辛苦。他总是强调顺丰速运要以人为本，但是谁曾想，在基层的网点竟然还有像这名小伙子这样的员工，一连几年都在无怨无悔地承担繁重的工作。

想到这里，王卫不禁有一丝后怕。如果这名小伙子依然这样劳累下去，他还能坚持多久？如果有一天他坚持不住了，公司岂不是要白白损失一个人才？

为此，王卫强迫自己必须想出一个很好的解决方案。在顺丰速运，员工的待遇的确比其他快递企业更加丰厚。但是，丰厚的薪资并不意味着员工就要没命地付出。人总是会累的，当一个人的身体劳累程度超越了极限，即便他想要做出更多努力，也是不可能的。

一旦员工超越了工作强度的承受临界点，工作的质量一定会大打折扣。到时候，客户就体会不到所谓的优质服务，对于企业来说，这才是一笔不小的损失。

于是，王卫开始思考，怎样提高快递员和管理层的工作舒适度，既要让他们挣到钱，又要让他们有时间休息和学习，同时还要让公司完美地控制成本，做到平衡。

这是一件非常困难的事情，王卫并不敢保证自己能想出一个完美的解决方案。在此之前，他只能控制顺丰速运的业务增长，降低员工的工作强度，保证他们的休息，也就等于保证他们的工作质量。与此同时，王卫还特意拨出几千万元专款，用于改善基层员工的工作环境。

王卫深知一线员工对于企业发展的重要性，所以他才能够时时刻刻地为员工着想，也正是他为员工谋取福利的种种做法，在一定程度上使员工的工作环境得到改善，降低了工作强度，也提高了员工的幸福感。而这些改变，逐渐产生了不可小觑的蝴蝶效应，最终大大提升了顺丰速运整体的运转效率和服务质量。

2.如何对待"最可爱的人"

在彼此尊重方面,王卫向来是以身作则。对员工说话或者分配工作时,从来不会用命令的口吻,以免让员工产生抵触情绪。在平时,王卫也会时不时地对员工表示出关心,主动听一听他们的心声与意见。如果有员工提出对公司有好处并且可行的建议,王卫也会接纳并采用。这样一来,员工们会更加自发地参与工作,提出对公司有利的建议。

王卫常说顺丰速运的一线快递员才是"最可爱的人",其实,在他的心目中,任何一个工作岗位上的员工都同样可爱。

在顺丰速运,快递员的工作的确是最辛苦的。他们不仅要直接与客户打交道,还要风里雨里地走大街、穿小巷,收派快递。除了快递员之外,顺丰速运最辛苦的岗位也许就是客服人员了。她们虽然不需要像快递员一样顶风冒雨地四处奔波,却也需要直接与客户打交道。

客服部门的工作量几乎和快递员一样大。尤其是到了每年的最后3个月,人手常常不够用,各个部门都必须增派人手,才能勉强应对庞大的工作量。不过,这种跨部门增派人手的工作方式却没有让任何一名员工产生怨言。顺丰速运的内部凝聚力总是能在这个时候得到最好的体现。

最让顺丰速运的员工感动的事情，就是在金融危机大规模爆发的时候，王卫顶住了一切困难，坚持没有裁掉任何一名员工，并且还在年终的时候给每一名员工发了一大份年货。这样的老板，足以让员工永远与公司站在一起，让员工因在这样的企业里工作而感到自豪。

让每一个员工有一份自己满意和自豪的工作，正是王卫给顺丰速运这家企业定下的愿景。因为有了这样的愿景，顺丰速运的员工总是能自发地将工作做好，即便偶尔出现失误，也会勇敢地主动承担责任。这是因为，对于这家企业，他们有着强烈的责任感，认为自己与公司应该荣辱与共。

当员工与企业成为利益共同体，员工就会将公司的口碑与发展当成自己努力奋斗的目标。人总是有理想和追求的，无论他们从事什么样的工作，处于怎样的社会层次，都一定希望自己的生活能够变得更好。将员工当利益共同体，也是王卫对员工的一种激励方式。这种方式可以激发出员工对于工作与生活的热忱，帮助他们获得实现目标与理想的机会。

王卫似乎天生就有一种唤起员工行动力的力量。他总是用平实易懂的语言激励员工。在他那些平实的语言面前，员工们根本没有任何抗拒的力量，甚至不会产生任何抗拒的念头。王卫总是在用最简单的话语说着最深刻的道理。他能让员工们感受到自己所说、所做的一切不只是为了自己，不只是为了顺丰速运这家公司，而更多地是为了员工们的切身利益。

可以说，让员工与企业成为利益共同体，是公司经营过程中的一种管理战略。但是，王卫却是发自内心地将员工当做伙伴、家人，也是发自内心地希望他们的生活能够过得更好。

王卫觉得，只有企业给员工的待遇足够出色，才能让员工更加将自己当成公司的共同体。因此，在激励员工方面，顺丰速运的薪酬管理制度也起到了不小的作用。

王卫知道，薪资的高低决定了员工的工作态度与积极性。高薪酬自然可以让员工以更饱满的状态进行工作，但员工的薪酬究竟应该有多"高"，应该以一种更加科学的方式来计算。

适当的加薪制度对于企业的良性发展来说也是必不可少的。当一名职位较低、薪资较少的员工通过自己的努力职位得到晋升，薪资得到提高，将会产生一种强烈的自我认同感，感受到自己的努力是受到尊重的。这种感觉会激发他更努力，地工作，对于企业来说，努力工作的员工才是真正的财富。

当初，王卫采取计件工资的薪酬管理方式，在快递行业中可以说是独树一帜。正是这样的薪资制度，给予了顺丰速递员工极大的激励。除了底薪之外，他们还可以凭自己的努力挣到绩效工资，也就是按照快递接单的数量来统计。

在顺丰速运，每收发一件快递，快递员都会从中赚取一定的费用。因此，只要快递收发得多，员工的工资就挣得多。

顺丰速运快递员的干劲儿就是这样被激发出来的。虽然他们比别人更加辛苦，但是在他们的脸上，总是洋溢着满足的笑容。他们不仅认为自己可以凭借努力挣到比别人更高的薪水，同时还觉得，凭借自己的努力能够得到更多人的尊重。

在许多人心目中，薪资的数量是与身份和地位直接挂钩的。薪资的高低，是个人工作能力的代表。当时，顺丰速运的快递员每天只要接6件快递单，赚到钱的就等于其他快递公司的快递员接10个快递单。这种强烈的对比，也让他们在工作时更有劲头。

在顺丰速运内部，员工之间也会在薪资数量上暗暗较劲。因为计件工资的方式几乎等同于薪资透明，快递员彼此之间或多或少都会知道对方当月的薪资是多少。如果一个人比另一个人赚的少了，就会暗暗在心里鼓起一股劲儿，希望下个月自己能再努努力，赚得比这个人更多。

计件工资为顺丰速运带来的绝对是正面效应。除了计件工资之外，王卫还制定了一系列薪酬激励措施，其中包括基本薪资、奖金、津贴、福利、保险，甚至还包括员工家属的福利和补贴。

在制定薪资激励措施之前，王卫也好好地研究了一下薪酬模式的设计方法。他发现，所谓薪酬模式，无外乎三种模式，分别是"高弹性模式""高稳定模式"以及"折中模式"。

高弹性模式，顾名思义，薪资数量的弹性相对较大，主要由奖金构成，福利和基本薪资的比重都非常小。因此，在不同的时期，员工的薪资起伏也会比较大。

高稳定模式的薪资则主要由基本工资构成，个人绩效的占比较小。员工虽然可以获得稳定的收入，但当企业效益不好的时候，对于企业的压力则会比较大。

折中模式，也就是王卫所采用的薪资模式。折中模式既可以激励员工提高绩效，又能让员工获得相对的稳定感。同时具备安全感与激励感的员工，可以为企业创造出更多、更长远的效益。

当员工真正觉得自己与企业成为利益共同体，员工与企业之间就会形成一种良性互动。这样一来，员工与企业之间就可以实现双赢。

3.特殊的"实习人员"

在顺丰速运有这样一条规矩：管理层无论职位高低，每隔一段时间，都必须下基层体验一段快递员的工作。

这也许是因为王卫本人也是快递员出身，他深知快递员是一份十分辛苦，同时也是锻炼人的工作。让管理层不定期体验做快递员的感受，就是要让他们知道快递员的真实感受，让他们在从事管理工作时不会懈怠，也真正知道基层员工最需要怎样的管理方式。

王卫这样要求顺丰速运的管理人员，也同样这样要求着自己。由于王卫的低调，在顺丰速运并不是每个员工都认识他，这也为他下基层体验生活提供了便利。偶尔，王卫会"微服私访"，穿着普通的服装，出现在顺丰速运的某个网点，体验一下最基层的工作。

2010年的冬天，王卫以一名实习物料管理员的身份来到了顺丰速运的一个网点。当时是顺丰速运的人力资源部把王卫"派"过去的，网点的其他工作人员也没有觉得这个新来的实习人员与别人有什么不同。

从实习的第一天开始，王卫就和其他员工一样，到仓库去了解快递背包以及顺丰巴枪等物料情况，之后就骑着电动车，背着大背包，外出去收发快件。在做这些事情的时候，王卫一气呵成，就好像每天都在快递员团队中摸爬滚打的一员一样。没有任何一个人知道他就是大名鼎鼎的王卫，顺丰速运的掌门人。

对于王卫来说，每年去基层体验一下员工的工作情况是非常重要的事情。身为管理者，管理的就是这些一线快递员和二线呼叫中心员工。如果永远高高在上，根本不可能了解员工们的真实工作感受，更不要说能管理好他们。

王卫还专门将下基层体验制定成公司的规章制度，要求公司内部的所有管理层人员第一年要到一线做快递员，就像每一个快递员一样在大街小巷中奔波，上门收发快件。从第二年开始，基层体验生活则更改为半年做快递员，半年做本岗位的工作。

两年之后，管理人员还要每年下基层体验。不过，他们并不一定是做快递员，而是可以自由选择感兴趣的工作。但无论做哪一项工作，都不可以暴露自己的真实身份。

顺丰速运每年的管理人员基层体验工作计划，都是王卫亲自带领公司人事部制订的。一旦计划制订完成，就会将具体的岗位安排整理成文件，下发到相关管理者手中。

在基层，每一个下去体验的管理者，都只能以实习人员的身份去体验。在那里，他们不再是企业的管理层，而只是一名普通的实习生。即使是看到看不惯的事情，也只能选择默默忍耐，坚决不能指手画脚地暴露自己的身份。

当实习期结束之后，管理层工作人员回到自己的本职工作岗位，还要再写一份实习体验报告，将自己在实习期间的所见、所闻和真实感受都记录下来，汇报给公司。

在顺丰速运，管理层人员下基层"实习"绝对不是一种形式。每个接待这些实习人员的分部经理，还要将这些实习人员在岗位上的表现写成报告，上交给总部，就是为了避免让下基层实习成为一种走过场的行为。

因为有了这样的下基层体验制度，顺丰速运的管理层才能保持与基层工作不脱节，能更了解基层员工的工作性质和工作感受，真正发自内心地对基层员工表示出关怀与激励。

而且，基层员工也能通过这样的方式明白，公司的管理层不是只会养尊处优地对一线员工指手画脚，他们也都是做实事的人，也能像一线员工一样吃苦，把最基层的工作做好。这样一来，一线的快递员们也会对自己所在的公司更加充满信心。

每年，王卫都非常期待到一线去实习的日子。因为在这段实习期间里，他总是能发现公司的管理与运作中还有一些不足，并且以最快的速度弥补不足。正是基层体验让他意识到公司最需要解决的一大问题，就是员工的工作时间。一线员工的工作强度和压力都非常大，无论是快递员，还是基层管理人员，每天的工作都十分辛苦。而且，在深入一线实习的过程中，王卫也能发现到许多被埋没的人才。

在王卫看来，一名合格的管理者就是要懂得让每一名员工都做好自己分内的工作。同时，每一次在服务网点的实习经历都能让他在企业管理方面总结出一些全新的经验。完善顺丰速运的组织架构，就是王卫在实习的过程中做出的决定。

在公司的管理架构设置方面，王卫可谓是用心良苦。在顺丰速运内部，包括运营部、资料（IT）部、行政部、财务部、企划部、总参办六大部门；在业务架构方面，有华东、华北、华南、东南、华中五大区域，每个区域都有一个专门的区部，每个区部都设置一名副总裁，下面还配有若干个总经理和职能总监。如果从区部再往下划分，则是各个城市的分公司和网点分部。因此，光是顺丰速运的职能总监就有近30个，区域总监也有30个之多。

按照王卫的要求，这些副总级别的人物也要不定期地到一线去体验生活。他们不一定非要做快递员，可以挑选自己感兴趣的岗位。但是，依然有许多副总级的管理者愿意亲身感受一下快递员的生活。

光是在北京地区，顺丰速运就有几十个分部，每个分部下面还有若干个点部，整个北京的顺丰速运点部加起来有100多个。每个点部都配有10-100名快递员和仓库管理员，再加上组长和经理，他们每天要完成超过15万件的快递收派量。

每天早上8点，快递员就要从四面八方汇集到他们所在的点部，从高层下来实习的管理人员，也要隐藏自己的身份，加入这些快递员队伍当中。每天早上，快递员上班之后要做的第一件事就是参加早例会。组长会在早例会上检查每一个人的仪容仪表，再将公司的命令传达下去。

早例会过后，快递员们就要迅速地投入到一天的工作当中。他们必须以最快的速度把自己片区中的包裹收好，小件包裹塞进背包，大件包裹直接绑在电动车的后座上。八点半，快递员们必须准时出发，开始派件。

顺丰速运对快递员有"收一派二"的规定，也就是说，在接到收件电话之后，必须在一小时之内到场收取快件；而需要派送出去的快件，必须在两小时之内派送出去。

十点半是公司规定的第一批快件派送完毕的时间。在 12 点左右的时候，同城其他点部的车会过来，将同城中转的快件送到。如此这样，快递员一天必须往外跑十几趟才能完成一天的快件收发工作。

这样高强度、连续性的工作，王卫已经体验过不止一次。许多管理层人员在体会到快递员的辛苦工作之后，会对自己应该尽到的职责有更深入的反思。

王卫明白每一项工作都有窍门和意义，任何一个职业都不分高低贵贱。王卫就是希望顺丰速运的管理人员能够明白这样的道理，通过他们的努力，让顺丰速运这些"最可爱的人"能够多一些动力，少一些压力。

4.全生命周期管理系统

企业的生命长短和管理者的管理方式与管理理念有密不可分的关系。在国外，有许多超过百年的老牌企业，至今依然保持着旺盛的生命力。这也是许多国内企业努力的方向，但是这条路并不容易走，尤其是对快递行业来说。

对于许多商界大佬来说，快递行业都是一块很难啃下来的"硬骨头"。别的不说，光是快递人员难招这件事，就足以让许多企业管理者挠头。阿里巴巴的创始人马云更是公开承认，自己很难管理好快递行业。因此，他特意提到过，自己最佩服的人就是能管理 7 万基层员工的顺丰速运老板王卫。

为了管理好顺丰速运，王卫付出了大量的时间与精力。他总是教导顺丰的快递员们要懂得与客户进行有效沟通，每一次开会，他都要对快递员们进行一番心理建设。

快递业也是服务行业的一种，快递员难免会遭到客户的误解或者在顾客那里受到一些委屈。快递员的情绪是影响快递行业服务好坏的直接因素。许多快递员因为无法忍受，只好选择辞职。王卫却想方设法让员工保持积极的心态，再通过公司完善的晋升机制让快递员找到归属感和成就感。由于快递员数量众多，个人素质良莠不齐，管理这些人是非常耗费精力的。

顺丰能够拥有如今的规模，都是一件一件快递送出来的，也是一个口碑加一个口碑积累出来的。顺丰快递员的成长历程就是顺丰速运公司的成长历程。从骑着摩托车送快递，到拥有属于自己的飞机，想必只有王卫自己知道，这背后凝聚了他和顺丰速运员工多少汗水与努力。

宅急送的创始人陈平曾经说过："每个快递公司，你只要买一辆新车，新建一个站点，服务就有所下降。因为添置新设施或者建站就要招新人，新员工进来后必须先培训3个月，时间成本应运而生，而这是谁都无法避免的。"

管理着几万名快递员的王卫更加知道，做好一个快递行业需要漫长的过程。快递市场的确是一块大蛋糕，但是这块蛋糕也必须一口一口地慢慢吃。开始创业的时候，王卫并没有将顺丰速运经营成百年老店的野心。不过，他的经营理念与经营方式随着企业共同成长，日渐成熟。

多年以来，顺丰速运一直在快递行业保持着行业龙头的位置，并且以年均40%的速度快速增长着。从2011年开始，顺丰速运的年收入就已经在民营快递企业中占据榜首的位置，不仅实现了服务网络在中国版图上的全覆盖，更是将业务拓展到海外市场。因此，在中国民营物流快递行业，顺丰速运完全堪称行业中的佼佼者。

想要提供优质的服务，就必须在管理过程中专注于每一个细节。

为了抓好细节，顺丰速运采用了一套先进的管理方法。简单地说，顺丰速运的每一个工作环节都遵循一个标准流程进行，这个流程被称为"全生命周期管理系统"。

正是因为对信息化建设的高度重视和合理应用，顺丰速运才能够取得今天的成就。对于快递行业来说，速度就是生命，快速接单，快速送达是这个行业的特性。因此，顺丰速运几乎每分每秒都在和时间赛跑，永远争取跑在时间的前面。

早在2013年，顺丰速运就成为国内唯一一家拥有全生命周期管理系统的企业，也是唯一一家收派人员全员配备手持终端设备的企业。在这套全生命周期管理系统当中，顺丰速运共划分出五大环节，分别为客户、收派、仓储、运输和报关。而且，每一个环节的信息化应用，都已经取得了不俗的成绩。

为了引进这套管理系统，王卫不惜投入重金。因为他已经意识到速度与服务品质是保证顺丰速运品牌长久存活下去的两个关键因素，而这套全生命周期管理系统可以同时保证这两个关键因素变得日臻完美。

在顺丰速运的全生命周期管理系统中，HHT手持式数据终端是最基础的配备工具。顺丰速运的快递员人手一部HHT手持式数据终端，每当接下一个订单，快递员就可以将订单的具体情况通过这个终端输入顺丰速运的主系统当中，既方便，又快捷。

王卫将全生命周期管理系统深入到顺丰速运工作流程的每一个环节，首当其冲的就是快递员的收派件环节。

对于任何一家快递企业来说，收派件环节既是最基础的，也是最重要的。快递员是快递企业的形象代表，也是直接与客户进行面对面沟通的人员，因此顺丰速运将收派件环节当做企业的核心环节来对待，时刻对快递员采取严格管理，保持公司在客户心目中的良好形象。

与快递员的对接是否顺利、愉快，是客户决定是否与这家快递公司进行合作的重要因素。因此，这一环节必须迅速而高效。至于如何做到这一点，就需要全生命周期管理系统的支持。

HTT手持终端在快递员与客户的对接过程中起到了至关重要的作用。这一终端配合数据系统可以顺利实现快递货物的信息化管理，也让客户在第一时间增强对顺丰速运的信任感。

手持终端的最大优势就是减少人工操作中的差错，提升收派件工作人员的工作效率。早在2013年，顺丰速运的HTT手持终端系统就已经更新升级到第四代，工作效率也提升了20%以上。

HHT手持式数据终端的存在也方便了顺丰速运对每一个订单进行良好的管理。顺丰速运意识到，客户在下单之后最关注的就是快递货物的实时动向。为了让客户能够随时了解货物运送的进展情况，顺丰速运在每一辆送货车上都安装了GPS全球定位系统。有了这个系统，货物的实时精确位置就可以直观地呈现出来。客户在查询货物运送进展的时候，就能够做到了然于心。而且，一旦货物在运输的过程中出现问题，这套系统还能帮助顺丰总部快速找到责任人。

尤其是客户快递贵重物品的时候，对于快递的实时走向更是十分关注，希望能够完全监控货物运输的一举一动。而 GPS 全球定位系统完全可以满足这部分客户的需求。

同时，GPS 还具备对车辆动态的控制作用，保证了运输过程的透明化管理，可以对运输方案、车辆配置及时中止、优化，让运输成本综合降低 25% 左右。

在保证货物安全运输的同时保证运送速度，是快递企业的重中之重。为了提高货物的派送速度，顺丰速运采用全自动分拣技术。这一技术的采用，是提升派送速度的关键因素之一。这套自动分拣技术，可以实现全天 24 小时不间断、无差别的自动分拣，不仅可以节省大量的人力资源，还可以节省更多的时间，提升货物的分拣效率。这也就保证了顺丰速运在接到订单货物之后迅速开展运输与派送。

顺丰速运的全自动分拣系统可以连续、大批量地分拣货物，不会受到天气、时间以及人的体力因素制约，保证不间断地工作。每个小时，自动分拣系统可以分拣出超过 7000 件包装商品，远远高于人工分拣 150 件的数量。而且，自动分拣系统即便连续工作，也不会感到劳累，在如此大的工作强度之下，如果靠人力进行分拣，根本不可能达到如此高的工作效率。

只要所输入的分拣信息足够准确，自动分拣系统几乎不会出现任何误差。因此，在输入货物信息方面，条形码就起到至关重要的作用。

货物在分拣的同时，顺丰速运还需要将货物的详细信息录入系统，方便对货物的内部管理，以及客户对信息的跟踪查询。在录入系统方面，顺丰速运采用了条形码技术和 GPRS 技术。

当货物从仓储中心进入分拣阶段，不同区域的负责人就会通过扫码工具在货物外包装上粘贴的条形码上扫一下，货物的详细信息立刻就能输入系统，系统会在扫码的同时对货物的运输情况进行随时更新。只要条形码本身没有受到损坏，自动分拣系统的分拣准确率就可以超过 99%。

快递公司的仓储环节同样不容忽视。仓储的能力决定了快递企业接收订单的数量以及在接收货物之后是否能够完好地进行保存，快速地分发到各个网点进行派送。

在常规的快递运输流程当中，分拣是最占用时间的一个环节。可是顺丰速运的分拣系统不仅可以保证迅速分拣，更能保证不出现信息的差错。能够同时做到这两点，就已经远远超越了许多快递企业。而 GPRS 系统则可以帮助顺丰速运的员工之间、员工与区总部之间进行随时的信息沟通，省略了中介交换信息的环节，让货物的实时信息更加完善，也是对派送速度的最大保障之一。

5.信息化建设

　　信息技术推动着时代的进步,也为企业的发展插上了双翼。对于王卫而言,信息化的建设提高了企业效率,也是顺丰速运全生命周期的关键之所在。

　　顺丰速运的全生命周期管理系统由许多设备与系统构成,任何一个设备与系统都是必不可少的。其中,计算机的数据库系统在整套系统当中起着重要的辅助作用。

　　顺丰速运的计算机数据库系统又分为业务核心系统、客户核心系统和财务核心系统。这三个系统可以将交易过程进行拆分,同时进行重新规划。无论需要有关交易过程中的任何一个信息,都能够做到快速查找和解答。

　　将计算机技术、网络技术以及相关的数据库、条形码技术的综合运用,帮助顺丰速运高度集成了物流系统的各个环节。这些信息技术也可以帮助企业进行运筹和决策,从整体上推动了中国物流行业的发展。

　　全生命周期管理系统的存在帮助顺丰速运在快递行业做到了与众不同。只要根据这一系统按部就班地走完每一个环节,就可以保证每一个订单被快速、安全地送到客户手中。

如何让企业的生命力更加长久，是困扰着每一位企业管理者的事情。而王卫似乎在这方面具有独特的天赋。除了将以上环节进行综合运用之外，王卫还专门在全生命周期管理系统里增加了客户环节和报关环节。在王卫心目中，客户的利益高于一切，因此客户的反馈对于顺丰速运的品牌持久度来说至关重要。

他不愿意忽视每一位客户的感受，因此专门建立了庞大的数据库系统，记录客户对顺丰速运服务的满意度。如果有客户投诉的情况发生，也能够第一时间进行处理。这样做的好处就是可以帮助顺丰速运拓展更多的客户，接收更多的订单，同时能够准确无误地找出让客户不满意的环节，从而加以改正。

在客户环节，顺丰速运的呼叫中心能够做到每一通呼叫都可记录对应的通话原因。如果遇到客户投诉，都会有完整的流程进行处理。呼叫中心根据系统数据记录统计，已经整理出近一百个解决方案。绝大部分客户来电都可以由客服中心的坐席人员进行处理，大大降低了呼叫中心的工作压力，既提高了员工的工作绩效，又为优秀员工提供了更大的发展空间。

将呼叫中心与后台资源调度系统、手持终端系统进行科学结合，也是让顺丰速运能够保证快速与优质服务的重要秘诀之一。

在报关环节，顺丰速运的数据交换采用加密机制，从根本上保证了数据信息的安全。同时实现统一录单、审单与清关流程，提高了保管的及时性，降低了物流通关的风险。

在王卫的心中，一个完善的快递物流行业管理系统应该包括从客户下单到上门收件、运输调度、储存保管、转运分拨、快件集散、流通加工、信息服务等多项功能要素的数据收集与监管，并且制定出一定的标准与这些系统相匹配。

所以，在顺丰速运发展的20多年当中，尤其是近十几年来，王卫对信息化建设方面都极其重视，特别是其中的业务核心系统、客户核心系统、财物信息系统等，均实现了数据无缝对接。在货物实体到达之前，就能做到对运单信息的准确分析，提前知晓快递货物的流向。在派件环节，全部采用电子签收、MSG服务。

其实，对全生命周期管理系统的使用，并不是顺丰速运第一次采取信息化建设。早在2001年之前，顺丰速运就引进了物流行业所需要的简单系统。在使用过程中，王卫也渐渐形成了一套信息化建设的思路。他的思路更适合顺丰速运，也就是以物流运营全部环节为主题逐步推进信息化。

在王卫看来，信息化建设应该作为企业发展战略中至关重要的一部分。为此，他专门制定了一系列企业信息化发展规划，也奠定了顺丰速运在信息化建设方面的扎实基础。

努力进行信息化建设也是要坚持与用户共同发展的理念。有了全生命周期管理系统，顺丰速运就可以实现与客户之间全方位对接与多元化互动，增加了客户对顺丰速运的好感与信任。

顺丰速运的信息化系统大致可以分为三个部分，分别为管理系统、业务支持系统和运营系统。管理系统是实现内部全方位管理的基础平台；业务支持系统保障了公司业务的正常运作；运营系统则可以保证每一单快递从收件到派件全过程的安全。

如今，顺丰速运的运输方式已经融合了航空运输、公路运输、铁路运输等多种方式，全生命周期管理系统在不同的运输方式衔接环节中也起到了重要作用。它保证了各个运输环节中的调度、信息流转、操作标准的高度协调一致，也保证了快件的安全与快速，降低了企业的消耗成本，同时起到了节能减排的作用。

这套先进的全生命周期管理系统帮助顺丰速运实现了连续几年市场占有率持续上升，并且有效地控制了物流成本。其中最大的优势，就是保证在近年来快递物流费用不断上涨的情况下，顺丰速运的快递价格却鲜有变化。与此同时，顺丰速运的客户满意度还在不断提升。

信息化建设也为顺丰速运的上下游企业转型提供了有利支撑。针对电商企业，顺丰速运还专门开发了接入平台，在不改变双方系统原有技术的前提下，与客户系统无缝对接，实现数据的自动传输，为客户提供多种查询物流信息的途径，为顺丰速运赢得了大批客户。顺丰速运在运输货物过程中的安全保证，也赢得了客户的信任。

顺丰速运的信息化建设脚步依然没有停止。王卫认为，物流行业的信息化不仅应该包括物资采购、销售、存储、运输的信息管理和传送，还应该可以提供采购计划、销售计划、供应商选择、顾客分析等决策支持，再加上对庞大的数据信息系统的科学运用，从而做出更好的进销存决策，充分利用企业的资源，增加对企业内部挖掘和外部利用。

在接下来的一段时间里，顺丰速运还将在信息化建设方面加大投入，着重在公司的稳定经营、成本优化、服务提升和业务创新四大方面发力。

除了引进系统之外，王卫还一直坚持自主研发。为此，顺丰速运培养了大批信息化人才，独立自主开发适合顺丰速运自身和快递物流行业发展的信息化系统。王卫总是舍得为此进行持续性的大规模投入，正因如此，全生命周期管理系统才能够顺利地推动和发展，才能保证多年来在信息化建设上持续处于行业领先地位。很少有哪个快递企业能够做到像顺丰速运这样，仅仅是在中国"十二五"期间，顺丰速运在信息化建设方面的投入就超过50亿元。

如今，顺丰速运一共拥有超过100套信息系统，并且这些系统都是高度集成的，实现了物流全部环节与配套环节的信息化管理。因而，顺丰速运通过对全生命周期管理系统的合理运用，在信息化建设方面取得了突破性进展，也改变了世人对物流信息化滞后的看法。同时，顺丰速运也成为工信部组织开展的物流信息化试点示范企业之一。即使是在信息化水平较高的制造业当中，顺丰速运的信息化建设水平也处于领先行列。

无论是顺丰速运的信息化建设思路，还是其成果与经验，都给同行、客户及管理部门留下了深刻印象。顺丰速运在信息化建设方面的许多做法，都值得快递同行企业去借鉴。

第八章
每一分钱花在哪里

1.为什么要有自己的飞机

2009年12月31日，首架印有顺丰LOGO的全货运机正式起航。这是顺丰速运第一次开通空运线路，首条线路为深圳至杭州货运航线，这意味着顺丰速运正式成为国内第一家拥有飞机的民营快递公司。

为了这次成功首航，顺丰速运已经整整筹备了两年时间。早在2007年，王卫就已经开始筹备成立航空公司的事宜，也流露出准备购买飞机的意向。关于这项支出，王卫也做了计划，预计购买一架波音737飞机和一架波音757飞机，这两种型号都是可以飞行15年左右的货机，预计支出费用为1000万美元。

王卫的这一计划得到了民航局的大力支持。2009年2月9日，顺丰航空获得了民航局颁发的航空运输企业许可证，并批准顺丰航空正式开始建设。

王卫预计在建设顺丰航空方面投资1亿元，其中，深圳市泰海投资有限公司出资7500万元，占据75%的股份，另外的25%股份则归顺丰所有。不过，泰海投资有限公司虽然是顺丰航空的大股东，但王卫自己却占据着泰海投资99%的股权。

用飞机运送快递，顺丰速运已经坚持了许多年。而最开始做出空运快递的决定，却与2003年爆发的那场非典有关。顺丰速运所在的广东正是中国首例SARS病毒携带者出现的地方。当时，整个中国都笼罩在非典病毒的恐惧之中，人们的生活已经被这种闻所未闻的病毒彻底打乱。几乎每一个公共场所都门可罗雀，学校也暂时停课。

如果不是万不得已，人们恨不得都不要出门。许多商家的生意因此受到巨大的冲击。然而，对于从事快递行业的顺丰速运来说，这却是一个难得的机会。因为人们不愿出门，快递就显得更为重要。

当时的快递行业，订单量空前暴涨。这对快递行业来说也是一次巨大的考验，如果不能及时采取应对措施，很可能会无力应付，导致企业陷入困境，也会在顾客当中形成较差的口碑。

有些快递企业就因为盲目贪多，承接的订单数量超过了自身的承受能力，付出了惨重的代价。

当时的顺丰速运刚刚开始涉足内地。对于王卫来说，非典既是一次机遇，也是一次挑战。不过，只要处理得当，机遇是远远要大于挑战的。刚刚完成收权行动的顺丰速运，正在跃跃欲试做出更大的成绩，于是他针对这样一个特殊时期做了一个特殊方案。因为在"非典"期间，航空运价史无前例地降到了低点，于是王卫看准这样一个时机，开始在国内租用飞机，在干线上运送快递，这也是国内民营快递企业的首飞。做出这一决策，当时主要是为了应对货量的爆增，不过顺丰发现，使用飞机的单件平均成本其实已经接近公路运输模式。于是，飞机快递这种由联邦快递确立的创新模式，让顺丰在细分市场中进一步建立了竞争优势。

也正因如此，顺丰在"非典"期间才能够应付大量激增的业务，同时还能保证服务质量。

在拥有自己的飞机之前，顺丰速运一直都与几家大型航空公司合作，租赁货机。不过，虽然租赁货机的方式能够提升顺丰速运的运输速度，但与此同时，顺丰速运也在受到航空公司各方面的制约。在王卫看来，有些制约会直接影响顺丰速运的服务质量。

而购买属于自己的飞机，其中一部分原因，是因为电子商务行业的异军突起。电子商务的发展带动了快递行业的发展。迅速增长的电子商务市场规模，也让快递企业拥有了更加广阔的市场。不过，如果以租赁货机的方式承接电子商务订单，需要很高的起点，只有订单价格超过500万元才有盈利的可能。

以顺丰多年来的数据来看，在电子商务这一块的订单，最高纪录只有350万元。虽然这个数字还是不断增长，但如果用来支付租赁飞机的费用，还是会赔钱经营。而且，因为空运费用较高，许多商家和客户还是会选择价格较低的普通快递。

同时，在航线的时间方面，顺丰速运也受到许多限制。顺丰有一项业务叫做"次晨达"，就是今天发出去的快递，明天上午就会到达收件人手中。但是，在租赁货机的时代，许多快递并不能保证做到"次晨达"，这背后的原因很复杂。首先，许多快递都是在下午4点之后才开始下单，在南方地区，超过七成的快递业务都是在下午4点之后发生的。当快递员接收到这些快递之后，一般就无法赶上航空公司的最晚一班飞机。而航空公司的飞机并不会因要等待谁的货物而延迟起飞。

因为错过最晚一班飞机，这些货物就不得不拖到第二天上午才能发出，收件人最快也只能在下午收到这些快件，根本算不上是"次晨达"。

这样的问题不止出现在国内的快递上，就连国际业务也很难做到"次晨达"。如果是下午4点之后产生的国际快件订单，顺丰速运就必须赶在海关等政府机构下班之前送达，并且完成一切手续，才有可能赶上当天晚上的国际航班。一旦延误，政府部门下班，手续无法办理就无法完成发货。

如果客户不要求"次晨达"，而仅仅是要求"次日达"，那么普通的陆运快递就完全可以做到。这就降低了客户在发货方面的成本，与空运相比，陆运则更有竞争优势。为了摆脱种种制约，王卫这才下定决定，一定要拥有属于自己的飞机以及属于自己的航空公司。

王卫之所以选择购买波音757飞机，是因为这款飞机的设计较为新颖，有双引擎以及双人操作的驾驶室。顺丰速运可以将原有的客机改造成全货机，保持了最大起飞重量和最大着陆重量指标。

顺丰速运购买了5架飞机之后，许多业内人士认为顺丰的运输成本也大大提高，很可能在未来会被拖累到亏损的境地。在当时，资金已经成为每一个行业生死存亡的关键。就在别人对顺丰的未来纷纷表示不看好的时候，顺丰速运却越来越能够高效运营。

人们见证着顺丰速运从最初的几辆摩托车，到后来购进大批的箱式货车，从包机到拥有自有飞机和自建仓库。其未来的发展规模，更是无法估量。

截至2013年末，顺丰速运已经拥有了13架自有货机。不过，王卫却并不打算将国内的任何一家航空公司当做自己的竞争对手。

顺丰拥有自有货机，是为了更适应顺丰速运自身的发展模式，不受航空公司的各项制约，并不是想要在国内航空运输市场中分一杯羹。因此，顺丰速运也从不刻意与国内的各大航空公司抢夺市场，只采用腹舱的合作方式，实现全国航空派送，保证将合作与竞争做到平衡的状态。

自从拥有自有货机，顺丰速运在发货时间与派送时间方面拥有了更多的自主性，不仅可以保证"次晨达"的快件准时派送到收件人手中，在其他服务方面的质量也有了明显的提高。

对于顺丰速运来说，让自建航空公司与和其他航空公司的合作保持在平衡的状态，既是一种资源的优化，也是一种能使双方获益的双赢结果。

2016年4月6日，民航局正式同意将湖北鄂州燕矶作为顺丰机场的推荐场址。这一项目包括4E级全货机机场、物流运输基地以及产业园，预计将建成全球第四、亚洲第一的航空物流枢纽。

长度大于等于1800米、机翼在52米至65米之内，可以起降像波音747这样的远程宽体客机的飞机跑道，才能称之为4E级跑道，这也是飞机跑道长度的最高级别。

作为国内最早成立航空公司的民营快递企业，顺丰速运已经拥有了全国性的货运枢纽，可以提高货物周转率以及飞机使用率。王卫也用他清晰的头脑，为顺丰速运制定了一系列明确的航空战略。

对于航空货运来说，并不适合点对点直达，更好的运输方式是具备中转枢纽进行中转。而且，对于快递企业来说，降低运输成本也十分重要，而国内原有的客运路线设计则没有办法实现成本最小化的要求。

在国内，客运机的地位比货运机的地位更加重要。国内如今共有200多个机场，却没有任何一个机场是专门为货运打造的。因此，顺丰速运在拥有飞机以前，不得不经常跟着客运走，甚至还要与客运抢夺飞机资源。

国内的机场大多是专门为旅客设计的，并没有考虑到货运因素，更不可能专门针对快递企业量身打造。因此，顺丰速运在之前的地面实际运作方面，曾经与客运资源发生过一些冲突，这也让王卫萌生了自建机场的打算。

其实，货物运输相对于客运来说，对飞行时间与中转枢纽所在地的限制并不高。哪怕是长距离的颠簸，货物也完全可以忍受，即使中转枢纽所在地区的经济并不发达，人口十分稀少，对于货物来说也没有任何影响。

顺丰速运将机场建在鄂州，是一种十分科学的选择。鄂州距离武汉只有一个小时的车程，从鄂州机场起飞，最多只需要两个小时的时间，就能到达全国大部分主要地区。

因此，从萌生建设自有机场的念头开始，王卫就打定主意，要错开省会城市或是人口密集的地方，同时还要让机场位于中国的中部地区，能够对接铁路、公路、水路，实现完整的口岸功能。

鄂州具备充裕的空域资源以及丰富的土地资源，具备发展多式联运的基础条件，并且能够将多种交通方式串联起来。对于货运来说，这是降低运输成本的先决条件。

截至 2016 年，顺丰速运的全货运飞机已经超过 40 架，虽然其中一部分飞机依然是以租赁的方式在使用，但这丝毫不影响顺丰速运在民营企业的自有飞机数量中排在榜首的位置。

同时，1.6 万辆运输车辆还能帮助顺丰速运实现地面交通与空中交通资源的完美对接，提高飞机的使用效率，同时提高货运的周转速度。

顺丰速运建设机场的另一个目的，同样是为了降低运输成本。中国的快递行业有一个特性，那就是大部分货物都是由南方发出，运往北方或西方。因此，中国的全货运飞机，由南方飞往北方和西方的过程中，经常会出现飞机容量不足以承载全部货物的情况。但是，当货物运送到北方与西方之后，航空公司又会面临一个尴尬的局面，那就是返航的时候，飞机装不满，甚至会出现空载的情况，成本根本无法降低。顺丰速运的航空机队，一直处于不断扩大的过程中，因此建设属于自己的机场也是企业发展的当务之急。

与国外的快递航空水平相比，国内的水平还处于相对落后的阶段。

如果与类似联邦快递或 UPS 等国际知名快递企业相比，则落后了超过半个世纪之久。

对于国内的快递企业来说，联邦快递的航空运输发展水平十分值得借鉴。联邦快递成立于 1971 年，而 UPS 的成立比联邦快递还早了半个多世纪。在这样的情况下，联邦快递还是以最快的速度追上了 UPS 的发展水平，其中航空运输起到了不小的作用。

联邦快递的创始人弗雷德·史密斯（Frederick W Smith）在几十年前就想到了"次日送达"的概念，不过在当时，很多人觉得这简直是异想天开。没想到，就是通过航空运输快递，联邦快递将"不可能"变成了可能。

在联邦快递刚刚成立的时候，业务量非常小。第一次航空运输的数量总共只有 186 件快递。这样小的数量，让联邦快递遭受了上千万美元的损失。可即便是这样，联邦快递的创始人依然没有放弃用飞机运送快递的打算。

终于，联邦快递迎来了美国政府解除对于航空货运的限制，随之而来的是公司迎来了巨大的转机。随着联邦快递将总部迁到孟菲斯，一段业绩高速发展的时代正式来临。

从 1976 年开始，联邦快递终于实现了盈利，利润总额是 360 万美元。然而这仅仅是一个开始。第二年，联邦快递的营业收入就突破了 1 亿元，净利润超过 800 万美元。又过了一年，也就是 1978 年，联邦快递宣布上市，从那时起，联邦快递的业务覆盖范围就超过 200 多个国家，每年运送快递包裹的数量超过12亿。

事实证明,只要敢想,就没有做不到的事情。作为世界上第一个提出"次日送达"概念的快递公司,联邦快递所取得的成就值得国内每一家快递企业学习。自从联邦快递将总部迁到孟菲斯,快递业务更是开始了质的飞跃。联邦公司采用一种叫做"轴辐式"的航空网络运输货物。这是一种基于枢纽中心的集散系统,各个城市的货运飞机都可以在孟菲斯进行中转,然后在这里装载回程货物,飞回始发地。这样做的好处是既可以大大降低转运时间,同时可以大幅度降低运输成本。

联邦快递的成功经验,引来了各大快递公司的纷纷效仿。一些快递公司不仅采购了大量全货运飞机,甚至还建立了自有货运机场。于是,快递公司的竞争从原本的地面运输竞争渐渐转变成空运竞争。几乎每一家国际大型快递企业都拥有属于自己的飞机和机场。这两大因素也成为衡量快递企业国际竞争力的重要指标之一。

在孟菲斯建立机场让联邦快递从一个濒临倒闭的货运公司成长为国际快递行业的四大巨头之一,也让孟菲斯从一个默默无闻的美国中部小城,成为世界上最大的货运枢纽之一。

与国际大型快递企业相比,国内的快递航空业务可谓一直在缓慢地发展。在20世纪90年代,只有中国邮政成立了属于自己的航空公司,但并没有取得突破性进展。

直到多年以后,中国电子商务行业的爆发才终于带动了中国民营快递企业的发展。顺丰速运就成为第一个与国际快递业理念接轨的中国民营快递企业。不过，国内的快递公司与国际快递巨头相比，实力上稍显落后。联邦快递与 UPS 的自有飞机均已超过 600 架，而作为中国民营快递行业的龙头企业，顺丰速运的自有飞机加上租赁飞机才不过 40 多架。

尽管国内的快递空运业务发展较晚，速度也相对缓慢，但是快递业务却连续多年都保持着高速增长，增长速度超过 50%。2014 年，中国的快递业务正式超越美国，成为世界上第一快递大国。与此同时，国内的快递企业也正在大幅度地进行扩张。

就这样，顺丰速运以"天网＋地网＋信息网"的组合方式，覆盖了国内的快递网络，并开始向全球主要国家拓展。在国际业务方面，顺丰速运的国际标快／国际特惠业务，已经涉及美国、欧盟、俄罗斯、加拿大、日本、韩国、东盟、印度、巴西、墨西哥等 50 多个国家；国际小包业务覆盖了全球 200 多个国家和地区。

拥有 40 多架自营全货机帮助顺丰速运铺开了一张快递运输的"天网"，通航城市包括香港和台湾地区在内，可以覆盖全国范围内 30 多个一、二级机场。在境外散航方面，顺丰速运每日开航航班约 3000 架次，可以覆盖海外 24 个国家和地区。

顺丰速运的"地网"就是公路运输。如今，顺丰速运的运输线路已经遍布全国，开通了 9000 多条运输干线以及 68000 多条运输支线。

王卫为顺丰速运制订的计划是，未来机队规模至少在 100 架以上，远远地拉开与竞争对手之间的差距，维持顺丰品牌在消费者心目中"高效、安全"的形象。

建立了航空公司之后，顺丰速运的身份也从单纯的快递企业变成货物承运人。而建立机场之后，顺丰速运的身份又增加了一个，那就是运营方，承担管理者的角色。通过自有机场，顺丰速运不仅可以向其他快递公司收费，还可以通过多种交通方式联运，拓展更多的业务。

机遇总是伴随着挑战，打造中国最大的航空物流枢纽的同时，顺丰速运也面临着机场管理经验欠缺的难题。不过，王卫却显得十分有信心，他坚信，顺丰速运的业务在未来一定会突破航空业务，打造临空经济区，甚至发展供应链金融，拓展物流地产、仓储加工、保税区业务等等。这些计划也足以证明，王卫正在用他的野心打造一个更大的快递物流帝国。

2.国际版图

一名成功的商人,其眼光不会永远停留在某一个局限性的市场。作为国内民营快递行业中的龙头企业,顺丰速运早在 2010 年就开始了国际化战略的布局。

在此前,顺丰速运已经开通了日本快件速递业务,并且不断完善。在升级原有程序和系统的同时,顺丰还专门开通了日本快件货到付款的业务。

随着中国与世界上各大国家交流的增加,越来越多的中国人走出国门,在其他国家工作、生活、留学。然而,在走出国门的同时,许多中国人依然眷恋着家乡的故土,眷恋着家乡的特产。因此,留在国内的亲人和朋友就会时不时地将家乡的特产寄给在国外生活的游子。

随着国际快递业务的增多,快递企业也拥有了更加广阔的国际市场。除了个人与个人之间的物品邮寄业务之外,企业与企业之间的国际贸易也为快递物流企业提供了更加广阔的国际空间。国际快递业务已经成为快递企业的必争之地。尤其是海淘跨境电商的出现,更是让国际快递业务的订单量迅速增长。

在当时，跨境电商的快递业务依然被国际快递四大巨头企业占据着，国内市场在这一块暂时处于空白状态。顺丰速运的国内快件市场已经逐步稳定，因此王卫从那时就开始积极地布局全球网络。他考虑到许多在国外生活的华人都知道顺丰速运这个品牌，了解顺丰速运的良好口碑，因此每在一个国家开设网点，顺丰速运都会立刻获得当地华人的欢迎。而且，无论是在任何一个已经开设网点的国家，顺丰速运都可以提供送货上门服务，其高质量的服务更是让许多华人以及当地人坚定不移地选择顺丰速运。

对于顺丰速运，许多在海外的华人都有一种独特的亲切感。这种亲切感让他们在需要快递服务的时候将顺丰速运当做了第一选择。不过，顺丰速运却并没有因此就停止提升自己。为了应对国际化业务，顺丰速运专门制定了一套标准化流程，并且培养了一支与国际化接轨的队伍，再加上完善的管理系统、全程追踪货物运送情况等技术，让顾客在选择顺丰速运的同时，就等于选择了一份安全感与舒适感。

尽管如此，国际上的竞争依然激烈。因此，王卫在开拓国际化市场的时候，步伐也迈得异常谨慎。他希望顺丰速运在国际上走的每一步路都踏踏实实，稳健向前。所以，他不愿意落下任何一个需要考虑的因素。

国际快递市场与国内快递市场截然不同，因为快递行业在国外起步较早，国外的快递行业相对于国内更加成熟，对于服务质量的要求也就更高。除了货物运输的速度，顾客对于货物运输过程中的安全性同样看重，并且要求服务人性化，这对于快递企业是很大的挑战。

如果没有足够的资金，想要在广阔的国际快递市场上分一杯羹，几乎是不可能的事情。在外国全境范围内建设网点必须投入大量的资金，再加上技术建设、人员的招聘与培训，都是一笔庞大的支出。即便资金充足，进入国际市场之后，也要承担巨大的风险。每一个国家具有不同的国情和消费习惯，在进入一个陌生的国度之前，必须要对当地的地域范围、民族文化、语言风俗进行充分的调查与研究。如果做不到这一点，很容易在进入这里的市场之后遭遇巨大的失败。所以，出于谨慎的原则，王卫在迈入国际市场的最初，选择了距离中国比较近的东南亚市场。因为东南亚国家里生活着大量的华人，双方在文化差异方面不会差距太远，即便出现问题，也能够方便快捷地进行解决。

从2010年开始，顺丰速运开通了东南亚业务，第一个与顺丰速运开展合作的国家就是新加坡。当时，在新加坡几乎全境范围内都有顺丰速运的营业网点，并且在当地百姓心目中建立起良好的口碑。

因为在新加坡的业务取得了成功，王卫对国际业务充满了信心。从那时开始，他就在酝酿一个向国际扩张的计划。

2011年，顺丰速运在马来西亚和日本两个国家同时开设营业网点，并且不断将国际版图延伸、扩展。亚洲地区已经不足以满足王卫的国际扩张野心，他早已盯住了当今世界最发达的国家之一——美国，因为那里拥有巨大的潜在市场。2012年，顺丰速运在美国开设了营业网点，正式打入美国市场。

很快，顺丰速运的国际版图就包括了美国、韩国、日本、马来西亚、新加坡等国家。2013年又正式在泰国设立了营业网点，在泰国全境开展快递业务。

对于顺丰速运来说，在国际市场上最大的挑战是国际快递行业的四大巨头企业——联邦快递（FEDEX）、联合包裹服务公司（UPS）、德国敦豪（DHL）和荷兰天地速递（TNT）。到目前为止，在国际快递行业，还没有任何一家快递公司能超越这四大巨头。

王卫知道，开拓国际版图存在许多现实困难。中国的快递行业尚处于起步以及初级发展阶段，无论是在资金、技术、人力以及管理方面，与四大巨头都存在着巨大的差距，并且这些差距不是一朝一夕就能追赶上的。

在这些差距当中，王卫试着去抓住重点，针对其中某一点或某几点进行追赶。他认为，其中最重要的差距就是战略和气魄。不过，王卫并不急着立刻赶超国际四大快递巨头企业，他更希望顺丰速运能够稳住当下的局面，之后再开展下一步的国际战略规划。

在2014年，顺丰成立了国际电商事业部，主要负责国际业务，短短一年的时间里就推出了包括进口和出口、物流和仓储在内的十几款产品，并且还针对跨境电商推出了多款自主创新服务的产品。

2015年，顺丰控股发布了一条公告：即将与国际快递四大巨头之

——UPS开展合作，双方各投资500万美元，合计1000万美元，成立合资企业环球速运控股有限公司，主营国际快递业务，两家公司各持股50%。

在国际版图方面，顺丰速运还将增加更大的投入。与UPS联手就是希望借助对方的优势来各取所需，加速国际化进程。顺丰速运可以趁机学习UPS在国际快件方面的运营管理经验，同时借助UPS已有的国际运输网络开展自有国际业务。

顺丰希望在实现自身全球化的同时，继续投入重资产，以物流业为主，勾画顺丰的国际仓网，其中包含产品全球化和网络全球化两个方面。

光在产品全球化方面，顺丰速运的直发业务就已经可以覆盖全球200多个国家。在客户层面，顺丰速运精准地抓住商家与消费者这交易两端的客户；在流向层方面，主抓以中国为原点的进出口服务；在产品层方面，将物流仓网重资产投入与整合资源服务进行完美结合。

在全球，顺丰将建立20个全球仓网，覆盖4个主要目标市场。其中，北美海外仓将布局在美东、美西和加拿大；欧洲海外仓将布局在英国、德国、法国、意大利、西班牙、俄罗斯和澳大利亚。

在实现全球化的同时，顺丰国际业务也会进行升级，将顺丰物流变成顺丰服务，建设自有生态链。

2015年9月，顺丰与爱沙尼亚国家邮政公司共同组建合资快递公司，主要负责将东北欧地区消费者网购的商品，以最快的速度运送到爱沙尼亚、拉脱维亚、立陶宛、芬兰、俄罗斯等国家和地区。

因为有好的国家政策，顺丰速运才得到与主权国家合作的机会。在与其他国家进行合作时，顺丰速运也觉得更有底气、更有保障，因为只要做好企业该做的事情，其余的一切都不用担心。

虽然顺丰速运在国内的快递企业当中坐着头把交椅，但是与国际上的快递巨头相比，顺丰速运只能算是后起之秀，还不具备与四大快递巨头企业对垒的绝对实力。不过，在与同行业之间的竞争力方面，王卫从来不会妄自菲薄。以顺丰如今的发展速度，很快就会具备与四大快递巨头平起平坐的实力，也有能力与它们争夺市场。无论是从财力方面还是能力方面，顺丰都已经具备了布局国际版图的资格。

在布局海外版图方面，王卫的主要思路是"远交近攻"和"轻重结合"，并且一直在不断地进行相应的资源配置。与此同时，经营策略显得更加重要，尤其是在海外市场方面，必须针对不同的市场、文化和经济采取不同的战略。

在东南亚地区，因为华人文化基础广泛，距离中国的距离比较近，顺丰采用的是直营模式；而针对距离比较远的欧美地区，则采取合营模式。最直接的方法，就是与当地的快递企业或者国际巨头进行合作。

这种合营模式也可以称为市场交换，帮助彼此搞定当地市场，用市场来交换市场。也许在未来，双方还会在资本层面深入合作。

在寻找合作伙伴方面，王卫一直保持着清醒的头脑。他需要考虑的现实因素很多，例如对方是否可靠，以及对方所在的国家贸易政策是否相对稳定。在海外布局方面，顺丰速运更看重的是效益，绝对不会参与投机行为。

例如在与像印度尼西亚这样的岛国合作时，王卫在布局的时候会结合顺丰速运的能力——对于自己能力还不足以支撑的地方，就不会去触碰；而对于能力相对较强的方面，则会下大力度去布局。

随着中国"一带一路"倡议的提出，国际件的商贸往来变得更加频繁，顺丰速运的业务也覆盖了更多"一带一路"沿线国。2016年"双十一"期间，由顺丰速运承运的跨境电商包裹中，数量排名在前6位的地区中有三个都属于"一带一路"沿线国家。

对于国内的许多快递物流企业来说，最近几年的发展，除了得益于跨境电商的爆发增长外，更得益于"一带一路"倡议的提出。这项政策让许多快递企业都迎来了走向国际的机会。可以说，"一带一路"倡议的提出，让物流企业开辟国际市场走了捷径，并且提供了许多原本并不存在的商机。

基于自身的不断发展和政策的推动，顺丰速运海外板块的增长速度之快从数据上就可见分晓。过去3年当中，顺丰速运的国际业务增长率超过70%，规模从2.7亿元上升到11亿元。2016年，同比增长更是超过300%。可以说，海外业务是顺丰速运目前增长最快的业务。

当顺丰上市之后，国际化业务更是成为重中之重。海外的客户同样需要又快又好的国际服务，借着"一带一路"倡议的东风，顺丰速运也多了许多市场机会的选择和把控。顺丰速运在欧洲设的海外仓、在东南亚设立的分支机构都很快落地实施。

顺丰速运在这样的发展过程不断地向外拓展，形成了庞大的国际网络。顺丰速运的国际业务包括国际标快、国际特惠、国际小包、国际重货、国际电商专递、海购丰运等，覆盖了包括美国、欧盟、日本、韩国、东盟、巴西、墨西哥在内的50多个国家，国际小包服务已经覆盖全球200多个国家和地区。

"一带一路"倡议提出之后，物流互联互通也成为沿线国家最关注的重点之一。于是，物流企业成为价值链上最重要的一环。顺丰速运在此时也更加看清了自己的位置，在物流方面更应该以主力军的身份出现。

不过，王卫也知道，"一带一路"所需要的物流网络并不是哪一家物流企业能够单独实现的，而是需要众多快递物流企业一起形成一股联动的力量。

也许在未来，在某些关键的物流节点上，顺丰速运也会与其他伙伴一起合作，将中国走出海外的一些企业有效地整合在一起。这并不是一个幻想，因为顺丰速运已经开始在筛选合作伙伴。

顺丰速运的海外布局不止局限在物流环节，跨境电商也是顺丰准备大力开展的项目。在此前，顺丰优选就已经上线了海淘业务，之后又上线了"丰趣海淘"，同时还在俄罗斯市场上线了出口电商"丰卖网"。

如果能够把握住跨境电商这个机会，也许在未来，这会成为顺丰一个新的利润增长点。现在顺丰的海外业务还处于发展阶段，王卫坚信，顺丰未来的国际业务将成倍地增长。

3.云淡，风轻

谈到赚钱，王卫总是云淡风轻地说，一切只是因缘际会。他习惯了享受低调的生活，愿意为了顺丰的事业拼尽全力，但绝不会为了单纯地追求利润而做不能做的事，哪怕是面对再大的诱惑。正因如此，他才能够一直非常清晰地把握着顺丰速运的市场定位，一步一个脚印地去发展。

新的《邮政法》出台，快递行业的准入门槛也提高了。不过，王卫觉得这对顺丰速运并没有太大的影响，反而有更多的好处。从保障消费者权益的角度来看，提高快递准入门槛非常必要，顺丰速运也投入了大量的资金与精力，专注于保障客户的利益不受损失。

有人猜测，快递行业将迎来一场大型的整合。小型快递企业会关门或者被并购，甚至有人做出预测，不久之后，中国最后能幸存下来的快递企业应该只有10家左右。可王卫却不这样认为，就像美国，虽然有几大快递巨头企业存在，但还是有许多小型快递公司在良好地经营着，并且将业务定位在同城快递方面。如果以美国为例，中国的小型快递公司也不至于面临关门的局面，毕竟不是每一家快递公司都具备在全国铺设网点的能力，也并非一定有这个必要。王卫觉得，快递行业会进入一个市场细分时期，因此无论快递企业的规模大小，找准自己的市场定位都是非常必要的。只要做好市场细分，就能找到自己的生存空间。

2014年，中国的快递业务量达到140亿件，占据全世界快递业务量的榜首；2016年，中国的快递业务量则一下子上升到300亿件。这是连最出色的商业策划师都不曾料想的数字。

趁着这个黄金时代，许多快递行业都纷纷选择了上市。2015年，申通快递成功借壳上市，成为中国民营快递行业第一家上市企业；不久之后，圆通快递和韵达快递相继成功上市。至此，全国的快递企业都将目光对准了顺丰速运。此时已经成为中国快递行业龙头企业的顺丰，并没有甘于落后。

2017年2月24日是顺丰控股在深交所上市敲钟的日子。这一天也是王卫少有的一次在公开场合亮相的日子。他戴着一副黑框眼镜，穿着一条深灰色牛仔裤、一件印有顺丰LOGO的黑色工装外套，出现在敲钟现场。如果不是熟悉他的人，根本不会想到这个着装如此朴实的男人，就是大名鼎鼎的顺丰速运的掌门人。

上午9点25分，王卫敲响了顺丰控股上市的钟声，这意味着顺丰从此进入一个全新的发展阶段。

往日里，王卫不仅很少在公众场合露面，更是很少在公众场合发言。这一次，他特意致辞，感谢了自己的家人、员工、客户和股东等，并且承诺以后还会不断地提醒自己，要符合上市公司的要求，要按证监会的要求清晰披露相关信息。

当时，他说了这样一番话："从今天开始，话不能随便说，地方不能随便去。"与此同时，他也时刻提醒顺丰公司的员工，要少说话，多做事，更时刻提醒自己的言行要符合监管机构的规范。

顺丰速运的所有员工是王卫最感激的人。他一直认为，顺丰的成就来自于每一个员工的辛勤付出。因此，即使顺丰成为上市公司，也不会改变对员工的关爱。

当年那个执意坚持融资不是为了上市的王卫，如今觉得顺丰的上市是为了坚持发展快递物流行业，上市的最终目的是提升顺丰的服务质量，所以他必定永远铭记初心。

同时，王卫还承诺顺丰上市之后有三个"不变"：首先，对事业的初心坚持不变；其次，对员工的关爱绝对不变；最后，对客户的服务质量会更好，融资后将提高服务水平。

上市仪式当天，在王卫的身边站着一名顺丰速运的普通员工。许多人都知道，2016年发生了一起出租车司机掌掴快递员的事件。那名快递员就是站在王卫身边的这个人。当出租车掌掴快递小哥事件发生之后，王卫并没有像一般的老板那样，将事情交给公共关系部门处理，而是亲自在社交媒体上为自己的快递员挺身而出，甚至放出豪言："如果这事不追究到底，我不配再做顺丰总裁。"这一次，王卫特意邀请这名曾经受过委屈的快递小哥一同出席顺丰的上市仪式，就是要表达出顺丰对于员工的尊重与关爱。

自从顺丰速运上市，王卫在《胡润全球富豪榜》上的地位也直线上升，以1860亿人民币的身家飙升至《2017胡润全球富豪榜》的大中华区第3位、全球第25位，比上一年上升了305个位次，已经超过了李嘉诚。

上市之后不久，顺丰发布了一份年利润翻倍的年报。可在这份年报当中，王卫依然没有发表任何公开言论。在这样一个"炫耀无罪"的时刻，王卫还是保持了一贯的低调。

自从顺丰控股成功借壳上市，登陆资本市场，顺丰控股的股价就连续遇到了多个涨停，最高值一度上涨至每股73元左右，顺丰的市值也一度达到3000亿元，成为深市市值最高的公司。在公司的股权结构当中，王卫自己就持有超过60%的股权。因此也有业内人士发出预测，如果顺丰的股票再出现几次涨停，王卫将成为中国首富。但财富并不是王卫所追求的，上市对他和顺丰而言，只是一个节点，上市之后，他会如从前一般，埋下头，带领企业继续向前发展。

一直以来，人们总是喜欢用"低调"和"神秘"来形容王卫。他在低调的同时，更是一名务实的企业家。工作起来，他既不拘小节又作风严苛。在他带领下的顺丰速运，早已经不是当年那匹一路粗犷向前奔跑的"黑马"，而是一家将要开始"精耕细作"的成熟企业。自从1993年创立顺丰速运，王卫已经与顺丰携手走过了24年。顺丰也从一家只负责在小区域传送快件的小公司，成长为业务范围覆盖200多个国家和地区的上市企业。同时，顺丰还是一家拥有36架全货机的大型综合物流服务商。

2013年，顺丰开始了首次融资，直到此时，王卫还是顺丰公司的唯一股东。当融资之后，顺丰就成为一家股份制企业，股东包括元禾控股、招商局集团、中信资本等多家股东。上市之后的顺丰，市值一度逼近国际一线快递巨头联邦快递的市值，人们对于顺丰的看好，也源自于顺丰多年来一直保持着中高端定位，持续提升科技水平，并且投入发展新兴业务。这三点也被称为顺丰业务的三条"护城河"。

定位于高端市场，是为了避免与同行之间进行低价竞争。因此，一直以来，顺丰速运的快件均价都高于行业的平均水平。2014年至2016年的3年间，顺丰快递单票均收入分别为23.61元、23.83元和22.15元。在中国快递总业务量和总收入计算当中，顺丰速运在2016年的快件业务量市场占有率为8.25%，营业收入市场占有率为14.46%。

与高额的市场占有率相比，顺丰速运的服务投诉率却极低。2016年，顺丰每月每百万件快件只有3.42件有效申诉，远远低于全国9.32件的平均水平。一些追求高时效的企业，正是看中了顺丰速运的中高端定位以及优质的服务，与其成为合作伙伴，选择顺丰提供的仓储、配送和售后等一体化供应链服务。

一直以来，王卫不断加大公司的科技和设备投入。2017年，顺丰计划用80亿元资金购置航材以及飞行支持项目、冷运车辆与温控设备、信息服务平台建设以及下一代物流信息化技术研发项目、中转场建设项目。可以说，顺丰的这一系列举措带动了中国快递企业的信息化发展。

因为对科技和信息化的高度重视，顺丰速运也成为中国最早在物流领域使用无人机的公司之一。早在2013年，顺丰速运就开始对无人机运送包裹进行测试，到2017年，顺丰在无人机领域申报和获得的专利数量达到111项。

成本较高的新市场与新业务也逐渐成为顺丰即将布局的领域。例如国内外制造企业和跨境电商的国际快递业务、中高端餐饮和商超的同城配送业务、制造业重货运输的综合物流业务，都已经在顺丰的服务范围之内。

尤其是在冷链物流方面，中国的医药产品、生鲜食品对于冷链物流的需要，已经拥有千亿级的市场潜力，顺丰速运也是中国目前能提供规模化供应链服务的少数企业之一。而且，在冷链物流方面的服务需求与延伸以及前端一体化综合物流需求还在不断增大。

如今，许多快递企业还存在诸多问题，例如行业基础设施薄弱、服务质量不高、管理水平不强、员工福利待遇不足等，这些问题都亟待改善，也要求快递企业在登陆资本市场的同时，必须保持清醒的头脑。

国家邮政局发布的《快递业发展"十三五"规划》显示，其中的七项任务当中，就重点提到了积极打造"快递航母"。预计到2020年，要形成3家至4家业务量超过百亿件或年业务收入超过千亿元的快递企业集团，培育两个以上具有国际竞争力和良好商誉度的世界知名快递品牌。

虽然以中国快递行业目前的发展水平，想要追赶上国际快递巨头企业的规模还需要一段时间，但这并不会影响王卫要让顺丰走在国际前沿的信心。与中国的快递市场相比，欧美等成熟市场的快递企业体量更厚、规模更大、力量更强。因此，小规模的快递企业很难进入这些发达国家。就连来自欧洲的敦豪（DHL）在美国每年投入10亿元，连续多年打造配送网络，最终还是没能成功进入美国市场，更何况中国的民营快递企业的业务量还仅有国际巨头的1/7。

中国的快递市场主体相对比较分散，并且存在着严重的同质化竞争局面，低价竞争压力比较大。这也是因为在一定程度上受到电子商务廉价文化的制约，快递企业的利润也遭到压榨。因此，许多快递企业只埋头做低价，只考虑同行业之间的竞争，没有过多的精力与资金提升服务品质。

因此，王卫更加意识到，随着中国电子商务、制造业、农业等产业的升级，快递行业也必须更加优化，提升服务质量和效率。在未来，他依然会保持着低调的姿态，带领顺丰朝着积极打造"快递航母"之路奋力前行。

4.电商教父与快递大佬的"爱恨情仇"

电商教父马云曾说:"王卫是我最佩服的人。"几年前,马云曾经多次到香港,想要约见王卫,却都遭到了婉拒。马云承认,自己在管理快递方面并不擅长,因此他十分佩服王卫能够将顺丰的几万名员工管理得井井有条。

英雄惜英雄,自古便有之。不过,2017年6月,知名电商平台淘宝与快递业巨头顺丰之间却发生了一场不大不小的风波。

2017年6月1日凌晨开始,淘宝网的许多卖家发现,在发货时,无法输入顺丰快递的单号。许多人以为是暂时的系统故障,也许等待一段时间之后,系统得到修复,一切就能恢复正常。

然而,就在当天下午,阿里旗下智能物流平台菜鸟网络发布了一份公开声明,声明原文如下:

"1.菜鸟一开始就是跟所有物流伙伴进行合作,而不是竞争。所以我们明确自己不碰具体物流配送,没有一辆快递车,没有一个快递员。自成立以来,我们赢得了绝大多数物流伙伴的支持合作,共同提升了中国的快递物流效率。

2. 中国的快递物流市场，未来必定每天十亿个包裹，不是我们的市场够不够大，而是我们的能力够不够的问题。我们关注到一些物流合作伙伴希望更加深入到电商领域。对于这种探索和尝试，菜鸟一直给予欢迎和支持。但我们也希望合作伙伴始终坚守客户第一，不能因为一己的商业决策，影响商家和消费者的切身利益。

3. 从昨日到今天，我们的合作伙伴顺丰突然关闭了物流数据接口，对此我们深感突然。事情经过是这样的：5月31日晚上6点，我们接到顺丰发来的数据接口暂停告知。6月1日凌晨，顺丰就关闭了自提柜的数据信息回传。6月1日中午，顺丰又进一步关闭了整个淘宝平台物流信息的回转。这导致了部分商家和消费者的信息混乱，可能会造成商家和消费者的重大损失。事情发生得很突然，我们正在跟顺丰进行进一步的沟通。

4. 此事发生前，为保护消费者隐私、电话信息安全，菜鸟根据安全团队的建议正在对全网物流数据进行信息安全升级。我们将加强对海淘、快递柜等物流数据的多重交叉验证，但顺丰及丰巢等出于各种原因并不配合。

5. 在此期间，为了避免物流数据缺失给商家和消费者造成损失，我们已经紧急建议商家暂时停止使用顺丰发货，改用其他快递公司的服务。菜鸟愿意与所有合作伙伴进行数据连接、分享，提升物流体验。目前我们仍在就此事与顺丰沟通。"

看到这份声明，大家这才意识到，淘宝与顺丰之间出现了一些问题。

顺丰在6月1日凌晨宣布关闭对菜鸟的数据接口。截至6月1日中午，顺丰已经停止给所有淘宝平台上的包裹回传物流信息。这次事件爆发得十分突然，许多人一时半会还搞不清发生了什么事情。

针对这件事，顺丰在采访中给出的解释是：菜鸟在6月1日0点下线了顺丰旗下的快递柜系统丰巢的接口信息。

从2016年开始，丰巢与菜鸟就开始合作。菜鸟负责将消费者的手机号信息提供给丰巢，丰巢反馈快递出入柜信息，并将相关快递柜物流信息推送给菜鸟。合作一年以来，两家公司一直保持着亲密的关系。

至于为什么突然之间暂停合作，菜鸟给出的解释是："顺丰存在信息泄露问题，并且拒绝配合菜鸟主导的安全升级。"

但是，关于这件事，顺丰与菜鸟之间的说法却有些不统一。顺丰在发布的声明中说："这件事情并不是由菜鸟网络所说的'信息安全升级'引起，主要矛盾集中在顺丰旗下的丰巢快递柜上。"

丰巢科技是顺丰快递柜业务的主要载体，在与菜鸟合作了一年之后，就在2017年的三四月份续约过程中，菜鸟提出的合作条款令丰巢难以接受："所有的快递柜信息的触发必须通过菜鸟裹裹，取件码信息要无条件给菜鸟，丰巢要返回所有包裹信息给菜鸟，包括非淘宝、天猫等阿里系平台的订单。"

顺丰显然难以接受这一条件，并且觉得，菜鸟在6月1日下线了顺丰的接口，就是为了制裁顺丰。

根据事件双方发表的声明，似乎主要责任都在对方身上。据央视财经拿到的一封内部邮件中显示，顺丰在 2017 年 5 月 31 日下午通知菜鸟停止接口操作，并透露"发现贵公司利用我提供的数据接口服务调用次数与实际业务数据相差甚远，信息安全部门对此提出异议……可能存在非法查单和敏感信息的外泄"。

顺丰向菜鸟发出的《关于暂停顺丰数据服务的通知》全文内容如下：

"菜鸟相关同学：

下午好，近期我司安全部门在对外部系统接口审计时，发现贵司利用我司提供的数据接口服务调用次数与实际业务数据相差甚远，信息安全部门对此提出异议，认为接口在使用过程中，可能存在非法查单和敏感信息的外泄。

顺丰一向重视客户的信息保护，为了确保客户的信息安全，安全部门要求我们即刻关闭向贵司提供的数据接口服务，并要求相关外部合作方进行整改。

因此，我们决定于 2017 年 6 月 1 日 0 点起关闭相关数据服务。

同时为了减少对贵司业务的影响，特提前书面通知，请贵司做好相关准备。"

不过，菜鸟方面坚持称正在做的就是"对全网物流数据进行信息安全升级"。为此，顺丰公关在 2017 年 6 月 1 日下午 18:43 分再次发布了一份公开声明——《关于菜鸟称物流数据接口暂停的回应》，全文如下：

"一、'客户第一'是顺丰一向秉承的理念。目前，客户依然可以从顺丰官方渠道（微信、APP、官方网站等）及其他第三方信息查询平台查询物流信息；

二、阿里系平台已将顺丰从物流选项中剔除，菜鸟同时封杀第三方平台接口，已对商家发货造成困扰，我们对此不顾消费者体验和商家权益的行为深表遗憾；

三、菜鸟于5月基于自身商业利益出发，要求丰巢提供与其无关的客户隐私数据，此类信息隶属于客户，丰巢本着'客户第一'的原则，拒绝这一不合理要求。菜鸟随后单方面于6月1日0点切断丰巢信息接口。

四、我们将继续捍卫自身核心竞争力，希望所有快递行业同仁警惕菜鸟无底线染指快递公司核心数据的行为。

顺丰一贯认为：公平、公正、合作、共赢是商业合作的基础。我们不会因为任何商业利益或胁迫而损害任何用户利益，继而阻碍政府大力提倡的数字经济发展。"

同时，顺丰公关也表示："公司要以国家大局和消费者利益为重，即日起针对友商媒体小动作不予回应，我们将集中精力做好自身服务。"

此次事件对于顺丰股价也造成了一些影响。事件发生之后，顺丰控股的股票在6月2日低开低走，截至下午下跌逾3%，市值损失达80亿元。不过，顺丰官方立刻发布了公告，称此事不会影响去年重组时对2017年和2018年净利润做出的业绩承诺。

不过，电商巨头与快递大佬之间的这场小小风波，只持续了45小时。2017年6月3日中午，顺丰控股发布声明，已全面恢复和菜鸟网络的业务合作和数据传送。

顺丰方面表示："在国家邮政局的及时协调下，顺丰本着顾全大局、维护市场秩序和消费者合法权益的原则，已与各方达成共识，并同意从6月3日午间起，全面恢复业务合作和数据传送，有关事件已得到妥善解决。"

同时，菜鸟网络也表示："欢迎顺丰恢复对商家和消费者的物流信息服务。"

至此，一场引起许多互联网大佬站队的"战争"终于进入尾声，最终的结局是顺丰与菜鸟"握手言和"。国家邮政局也强调："不能因为企业间纠纷产生严重社会影响和负面效应。"

"战争"平息过后，淘宝卖家很快发现，顺丰速运已经可以在菜鸟裹裹中正常寄件，相关物流信息显示问题也已经解决。而且，一些淘宝卖家也纷纷留言："可以正常发顺丰，请放心购物。"

后记

在网购如此发达的今天，几乎大部分网购人群都知道顺丰速运这个快递品牌，却很少有人知道顺丰速运掌门人的名字，更不知道他是怎样带领着一家快递企业，一步一步发展成中国快递行业的领军企业。

对于王卫的样貌，许多人没有任何印象，外界关于他的报道更是寥寥无几。因此，在许多人心目中，顺丰速运的掌门人就是一个谜。

之所以想要记录下王卫的故事，是希望将一个更加真实的王卫呈现在读者面前。也许通过他的创业经历，你能找到一些关于事业与人生的启示。

从创办顺丰速运到垄断华南市场，王卫只用了3年时间；成为国内首家用飞机运送快递的公司，也只用了10年时间。几乎每隔一段时间，人们就能看到顺丰速运又进行了某一项大动作，却很少有人知道，为了这些大动作，顺丰背后的王卫是怎样在镇定自若地指点江山。

在王卫的带领下，整个顺丰的发展似乎都在低调地进行，没有人知道顺丰任何一项行动的过程，只能看到最终取得的成果。

身为企业家，王卫有着强烈的社会责任感。他希望顺丰的发展能够带动整个中国快递行业的发展，同时，在"非典"、"5·12"汶川地震、台湾"莫拉克"台风灾害发生的时候，他也主动站出来承担社会责任。低调做人的同时，他一直在高调做事，顺丰速运呈现在世人面前的是一种踏实稳健的形象。

通过本书，可以了解到王卫带领顺丰从起家到壮大的整个过程，也能够感受到他在逆境当中的坚守与执着。

图书在版编目（CIP）数据

王卫：顺丰掌门人的创业与管理哲学/张丽俐著.—北京：时事出版社，2018.1

ISBN 978-7-5195-0155-6

Ⅰ.①王… Ⅱ.①张… Ⅲ.①王卫–生平事迹②快递–企业经营管理–经验–中国 Ⅳ.①K825.38②F632.3

中国版本图书馆 CIP 数据核字（2017）第 268709 号

出 版 发 行：	时事出版社
地　　　　址：	北京市海淀区万寿寺甲 2 号
邮　　　　编：	100081
发 行 热 线：	（010）88547590　88547591
读者服务部：	（010）88547595
传　　　　真：	（010）88547592
电 子 邮 箱：	shishichubanshe@sina.com
网　　　　址：	www.shishishe.com
印　　　　刷：	三河市华润印刷有限公司

开本：787×1092　1/16　印张：16　字数：180 千字
2018 年 1 月第 1 版　2018 年 1 月第 1 次印刷
定价：38.00 元
（如有印装质量问题，请与本社发行部联系调换）